Das Prinzip von Kryptowährungen und Blockchain

In der Lehre immer am Zahn der Zeit zu sein, wird in unserer schnelllebigen Zeit immer mehr zur Herausforderung. Mit unserer neuen fachübergreifenden Reihe *nuggets* präsentieren wir Ihnen die aktuellen Trends, die Forschung, Lehre und Gesellschaft beschäftigen – wissenschaftlich fundiert und kompakt dargestellt. Ein besonderes Augenmerk legt die Reihe auf den didaktischen Anspruch, denn die Bände sind vor allem konzipiert als kleine Bausteine, die Sie für Ihre Lehrveranstaltung ganz unkompliziert einsetzen können. Mit unseren *nuggets* bekommen Sie prägnante und kompakt dargestellte Themen im handlichen Buchformat, verfasst von Expert:innen, die gezielte Information mit fundierter Analyse verbinden und damit aktuelles Wissen vermitteln, ohne den Fokus auf das Wesentliche zu verlieren. Damit sind sie für Lehre und Studium vor allem eines: Gold wert!
So gezielt die Themen in den Bänden bearbeitet werden, so breit ist auch das Fachspektrum, das die *nuggets* abdecken: von den Wirtschaftswissenschaften über die Geisteswissenschaften und die Naturwissenschaften bis hin zur Sozialwissenschaft – Leser:innen aller Fachbereiche können in dieser Reihe fündig werden.

Oğuz Alakuş hat seinen Tätigkeitsschwerpunkt in den Bereichen Kapitalmarkt und Investment. Er veranstaltet Weiterbildungsseminare, Workshops und Vorträge. Zudem ist er zertifizierter Business Trainer und Business Coach.

Oğuz Alakuş

Das Prinzip von Kryptowährungen und Blockchain

UVK

Umschlagabbildung: © Ravitaliy iStockphoto / AF-studio iStockphoto

Bibliografische Information der Deutschen Nationalbibliothek
Die Deutsche Nationalbibliothek verzeichnet diese Publikation in der Deutschen Nationalbibliografie; detaillierte bibliografische Daten sind im Internet über http://dnb.dnb.de abrufbar.

DOI: https://doi.org/10.24053/9783381122127

– Ein Unternehmen der Narr Francke Attempto Verlag GmbH + Co. KG
Dischingerweg 5 · D-72070 Tübingen

Internet: www.narr.de
eMail: info@narr.de

Druck: Elanders Waiblingen GmbH

ISSN 2941-2730
ISBN 978-3-381-12211-0 (Print)
ISBN 978-3-381-12212-7 (ePDF)
ISBN 978-3-381-12213-4 (ePub)

MIX
Papier | Fördert gute Waldnutzung
FSC® C016368
FSC www.fsc.org

Inhalt

Vorwort

Die Digitalisierung schreitet unaufhaltsam voran und betrifft nahezu alle Unternehmen und Branchen. Die digitale Transformation ist kein kurzfristiger Trend, sondern eine anhaltende Entwicklung. Ebenso entwickelt sich der Kryptomarkt rasant weiter – allen voran die weltweit erste Kryptowährung, der Bitcoin (BTC):

- Seit der ersten bekannten durchgeführten Bitcoin-Transaktion am 12. Januar 2009, der Wechselkurs lag damals gerade mal bei **0,08 US-Cent pro Bitcoin**, konnten wir immer wieder neue Höchststände sehen.
- Sein bisheriges Allzeithoch erreichte der Bitcoin in 2021 mit einem Preis von über 60.000 €. Um genauer zu sein: Am 10. November 2021 stieg der Kurs auf 63.707,90 €, den höchsten Wert in Euro, der zum Zeitpunkt des Verfassens dieses Artikels jemals erreicht wurde. [1]
- Inzwischen hat sich die weltweit stärkste Kryptowährung zu einem beachtlichen Vermögenswert entwickelt. Die aktuelle Marktkapitalisierung von Bitcoin liegt bei 848,7 Mrd. € (Stand 9.02.2024). Eine hohe Marktkapitalisierung bedeutet, dass der Markt (die Marktteilnehmer) ein Asset (Vermögensanlage) hoch bewertet.[2]

Die 10 größten Kryptowährungen gemessen an der Marktkapitalisierung verzeichnen unterdessen ein Volumen von 1,4 Billionen US-Dollar.[3] Schließlich verfügen Kryptowährungen, je nach Coin, über eine große und aktive Community.

Der BTC-Kurs ist seit seiner Einführung immer wieder auf neue Höchststände gestiegen. Wer den richtigen Einstiegszeitpunkt gewählt hat und in die Kryptowährung Bitcoin investiert hat, konnte sehr hohe Kursgewinne erzielen. Manch ein Anleger hat sich auf diese Weise ein beachtliches Vermögen aufgebaut. Die Kehrseite: Ein großer Teil der Anleger machte wiederum Verluste. Dennoch treibt die Hoffnung auf Reichtum weiterhin

---

1 Vgl. Kryptovergleich – Allzeithoch Kryptowährungen, https://www.kryptovergleich.de/wissen/allzeithoch-von-kryptowaehrungen – abgerufen am 8.10.2024.

2 Vgl. Coinbase – BitcoinBTC, https://www.coinbase.com/de/price/bitcoin – abgerufen am 8.10.2024.

3 Exchange-Rates - Schlusskurs US-Dollar/Euro am 15.01.2024: 1 US-Dollar entspricht 0.91 Euro, https://www.exchange-rates.org/de/wechselkursverlauf/usd-eur-2024-01-15 – abgerufen am 8.10.2024. Sowie Quelle: Coinmarketcap.com – Stand: 8.1.2024.

viele um. In den gesamten Krypto-Markt fließt Geld. Überall wird *gehodelt*. Oft ist die Rede von gewaltigen Summen. Da wird schnell vergessen, welche ursprüngliche Idee hinter der digitalen Währung zugrunde liegenden Blockchain-Technologie verborgen ist: Es ist die Konzeption mit der dezentralen Währung Bitcoin eine Alternative zum herkömmlichen Geldsystem zu schaffen – ohne Kontrolle durch Dritte, wie beispielsweise die Europäische Zentralbank beim Euro, die den Geldverkehr reglementiert, steuert und überwacht.[4]

Die Entwicklung der letzten Jahre entfernte sich jedoch immer weiter von der eigentlichen Idee eines alternativen Zahlungsmittels hin zu einem Spekulationsobjekt. Inwieweit sich die Kryptowährung tatsächlich als digitales Zahlungsmittel durchsetzen und etablieren wird und/oder sie als gesetzliches Zahlungsmittel wie z. B. in Deutschland oder in Europa eines Tages anerkannt wird, wurde in dem Band *Basiswissen Kryptowährungen*, der ebenfalls im UVK Verlag erschienen ist, ausführlich diskutiert.

Im Gegensatz zu den herkömmlichen Währungen (Fiatwährung oder Fiatgeld) sind Bitcoins und andere Kryptowährungen eine gemeinsame digitale Eigentumsaufzeichnung, die in einer Blockchain gespeichert ist. Anleger, die Kryptowährungen erwerben wollen, haben die Möglichkeit sowohl „echte" Kryptowährungen als auch verbriefte Finanzprodukte zu erwerben, in denen Kryptowährungen involviert sind. Die Transaktion gilt erst dann als abgeschlossen, sobald sie verifiziert, d. h. geprüft und zu der Blockchain im Mining-Prozess hinzugefügt wird. Auf diesem Weg werden auch üblicherweise neue Kryptowährungen erschaffen. Die erworbenen Kryptowährungen wie Bitcoin, Ethereum, Litecoin, und andere Altcoins werden in einem Wallet (digitale Brieftasche) verwaltet, jedoch nicht direkt aufbewahrt.

Möchte ein Nutzer Währungseinheiten an einen anderen übertragen, sendet er diese an dessen Wallet. Während der Band *Basiswissen Kryptowährungen* die Grundlagen dieses zukunftsträchtigen Themas beschreibt, widmet dieser Band seine volle Aufmerksamkeit dem *Prinzip von Kryptowährungen und Blockchain* und vermittelt hierzu erweiterte Kenntnisse.

---

4 Vgl. Torsten Pinkert – Lynxbroker – Was ist ein Bitcoin: Der Weg vom Whitepaper zur wichtigsten Kryptowährung der Welt, https://www.lynxbroker.de/boerse/trading/trading-news-tipps/was-ist-ein-bitcoin-der-weg-vom-whitepaper-zur-wichtigsten-kryptowaehrung-der-welt/ – abgerufen am 8.10.2024.

Bei einer Blockchain handelt es sich um eine noch recht junge Technologie mit teils ungelösten Problemen. Dennoch werden Weiterentwicklungen der Blockchain-Technologie die Finanzwelt prägen. Noch dazu hat sie das Potenzial, unser etabliertes System gründlich auf den Kopf zu stellen. Es ist aber anzumerken: Auch wenn in Zukunft die technischen Voraussetzungen erfüllt werden, bleibt der politische Kurs dennoch schwer vorhersagbar.[5]

Während sich in den ersten Jahren nur echte Nerds (Computerfreaks) mit dem Bitcoin und der Blockchain-Technologie beschäftigten, hat sich das Bild inzwischen grundlegend verändert und der Bitcoin ist ein ernstzunehmendes Asset mit einer beachtlichen Marktkapitalisierung geworden. Der Schritt in die Blockchain-Technologie kann dennoch verwirrend und gleichzeitig einschüchternd sein. Dieses Buch wird Ihnen den Einstieg in das spannende Thema verlässlich erleichtern und Ihr Verständnis rund um das Prinzip von Kryptowährungen und Blockchain erheblich verbessern:

- Es beschreibt und erklärt das komplexe, umfangreiche und zukunftsorientierte Thema vornehmlich für den Leser ohne spezifische Finanz- und Computerkenntnisse verständlich und nachvollziehbar.
- Die sehr sorgfältig ausgewählten Themen sind systematisch ausgearbeitet sowie klar dargestellt.
- Die einzelnen Kapitel sind thematisch gegliedert, die jeweils geordnet aufeinander aufbauend das Thema qualifiziert wiedergeben.
- Für viele Personen bleibt die Terminologie (Fachausdrücke) der Kryptowährungen und der Finanzwelt eine unverständliche Sprache. Um Sie dabei zu unterstützen ein besseres Verständnis zu erreichen sind verwendete Fachausdrücke gleich gesondert dargestellt und die Erklärungstexte der Fachbegriffe anschaulich formuliert.

Grundsätzlich stellen Kryptowährungen eine riskante Investition dar. Im Gegensatz zu anderen Lektüren zum Thema verzichtet dieses Buch darauf, Investitionsstrategien mit vielversprechenden Gewinnaussichten aufzuzeigen.

Als Einführung und komprimiertes Nachschlagewerk kann die Arbeit von vorne nach hinten durchgelesen oder Themen gezielt nachgeschlagen

---

5 Vgl. IM+IO – „Bitcoin und Blockchain lassen noch viele Fragen offen!“, https://www.im-io.de/free/bitcoin-und-blockchain-lassen-noch-viele-fragen-offen/ – abgerufen am 8.10.2024.

werden. Damit dient die Arbeit zugleich als Leitfaden. Abgerundet wird das Werk durch ein Glossar.

Aus Gründen der besseren Lesbarkeit sind in den Ausführungen stets beide Geschlechter, die männliche und weibliche Form, gemeint. Mit freundlicher Empfehlung als Ihr erweitertes Bitcoin-Buch rund um das Prinzip von Kryptowährungen und Blockchain.

Hinweis: Diese Arbeit dient ausschließlich zu Informationszwecken und stellt keine Anlageempfehlung dar.

1 Die Blockchain-Technologie: Grundlagen

Bei vielen Innovationen haben die Menschen anfangs unterschätzt, wie sehr sie später die Welt verändern würden. 1990 etwa glaubte der damalige Telekom-Chef Ron Sommer:

> „Das Internet ist eine Spielerei für Computerfreaks, wir sehen darin keine Zukunft."

Ähnlich äußerte sich Ex-Microsoft-Chef Steven Anthony ("Steve") Ballmer 2007 über das iPhone. Beide irrten bekanntlich:[6] Blockchain-Technologien haben sich in den letzten Jahren zu einem der am meisten diskutierten Themen der IT (information technology) entwickelt.[7] Insbesondere im Zusammenhang mit Kryptowährungen wie dem Bitcoin erfuhr die Blockchain-Technologie zunehmend an Aufmerksamkeit.

Bei einer Kryptowährung wie dem Bitcoin handelt es sich um ein digitales Zahlungsmittel auf der Grundlage einer Blockchain-Technologie[8]. Diese gilt als vielleicht größte technologische Entwicklung nach dem Internet.[9]

> „Die Blockchain wird beispielsweise beim bereits erwähnten Bitcoin-Mining benutzt, um alle Transaktionen zu jedem Zeitpunkt nachvollziehen zu können"[10].

Als Bitcoin entwickelt wurde, definierte Satoshi Nakamoto es als "Peer-to-Peer Electronic Cash System". Dies bedeutet, dass Benutzer Bitcoins auf der ganzen Welt senden und empfangen können, ohne auf einen zentralen Server oder Zwischenhändler angewiesen zu sein (dezent-

---

6 Handelsblatt - Blockchain Die stille Revolution, https://tool.handelsblatt.com/specials/blockchain/ – abgerufen am 13.02.2024.

7 Otaris – Blockchain-Technologien Beratung, https://www.otaris.de/beratung-blockchain-technologien/ – abgerufen am 8.10.2024.

8 IBM – Was ist Blockchain-Technologie? https://www.ibm.com/de-de/topics/blockchain#:~:text=Die%20IBM%20Blockchain%20Platform%20bietet,und%20Ihre%20Profitabilit%C3%A4t%20zu%20verbessern. – abgerufen am 8.10.2024.

9 Vgl. Verena Klimkeit – Blockchain erklärt: Was steckt hinter der Technologie? https://www.computerbild.de/artikel/cb-News-Internet-Blockchain-Technologie-Info-Technology-25467347.html – abgerufen am 27.12.2021.

10 BTC Echo – Bitcoin-Mining, https://www.btc-echo.de/academy/bibliothek/was-ist-bitcoin-mining/ – abgerufen am 8.10.2024.

ral).[11] Erwähnenswert ist auch, dass Blockchain eine Technologie ist, deren Anwendung sich nicht nur auf die Finanzwelt und den Zahlungsverkehr beschränkt.[12] Was hinter der Blockchain-Technologie im Hinblick auf die Kryptowährungen steckt und welche verbundenen Krypto-Begriffe es zu wissen gilt, wird in den folgenden Abschnitten ausführlich dargestellt.

1.1 Begriff: Was ist Blockchain?

Eine Blockchain (zu Deutsch: Blockkette) ist eine spezielle Art von Software-Technologie[13], die einerseits eine Vielzahl von künftiger Anwendungsmöglichkeiten und andererseits neben Chancen auch neue Risiken birgt. Die Bundesanstalt für Finanzdienstleistungsaufsicht (kurz BaFin) beschreibt den Begriff Blockchain wie folgt:

> Eine **Blockchain** ist ein öffentliches, unveränderbares, verteiltes digitales Kontobuch, das nur Hinzufügungen erlaubt.

Hierzu eine nähere Erläuterung:

- „Öffentlich" bedeutet, dass die Daten für jedermann zugänglich sind. Zu „privaten Blockchains" haben nur bestimmte Teilnehmer Zugang.
- „Unveränderbar" heißt, dass es nahezu unmöglich ist, die einmal gespeicherten und verschlüsselten Daten einer Blockchain im Nachhinein zu verändern oder zu löschen. Es ist also nur möglich, neue Daten hinzuzufügen, ähnlich wie bei der kaufmännischen Buchführung, bei der Löschungen in der Primanota nicht vorgesehen sind.
- „Verteilt" bedeutet, dass eine öffentliche Blockchain nicht der Kontrolle eines Teilnehmers oder einer Organisation unterliegt. Stattdessen verwaltet und sichert das Netzwerk (also die Gesamtheit aller Teilnehmer)

---

11 BTC Echo – Peer to Peer (P2P), https://www.btc-echo.de/academy/bibliothek/peer-to-peer-p2p/ – abgerufen am 8.10.2024.

12 Vgl. Isabelle de Laminne – Banque de Luxembourg – Was ist der Unterschied zwischen Bitcoin und Blockchain? https://www.banquedeluxembourg.com/de/bank/bl/blog/-/blogpost/quelle-difference-entre-le-bitcoin-et-le-blockchain-#page-01 – abgerufen am 8.10.2024.

13 Plus500 – Wichtige Begriffe zum Thema Kryptowährung, https://www.plus500.com/de/Trading/CryptoCurrencies/Major-Cryptocurrency-Terms~1 – abgerufen am 8.10.2024.

die Daten, und jeder Teilnehmer speichert grundsätzlich eine vollständige Kopie aller Daten.

- Mit „Kontobuch“ ist gemeint, dass sich eine Blockchain, wie bei Bitcoin, nicht nur zur Verwaltung und Fortschreibung von Rechnungseinheiten verwenden lässt, sondern dass dieselbe grundlegende Methode auch für nahezu alle anderen Arten von digitalen Aufzeichnungen eingesetzt werden kann.[14]

Bundesanstalt für Finanzdienstleistungsaufsicht (BaFin)
Die **BaFin** überwacht als Finanzmarktaufsichtsbehörde alle Bereiche des Finanzwesens in Deutschland. Ihre Hauptaufgabe ist die Kontrolle von Banken, Versicherungen und des Wertpapierhandels.[15] Die Dienstsitze der BaFin liegen in Bonn und Frankfurt am Main.

Primanota
In einer **Primanota** werden alle Geschäftsfälle, die in einer bestimmten Abrechnungsperiode (z. B. einem Monat) zu berücksichtigen sind, erfasst. Aus einer Primanota gehen verschiedene Informationen hervor. So erkennt ein Buchhalter z. B., an welchem Tag eine Ausgabe getätigt wurde.

Nun wissen wir: Die Blockchain ist eine dezentrale, verteilte digitale und öffentliche Datenbank (Kontenbuch, Register).[16] Eine Datenbank ist wiederum eine organisierte Sammlung von strukturierten Informationen oder Daten, die typischerweise elektronisch in einem Computersystem gespeichert

---

14 Bundesanstalt für Finanzdienstleistungen – Blockchain-Technologie – Gedanken zur Regulierung, https://www.bafin.de/SharedDocs/Veroeffentlichungen/DE/BaFinPerspektiven/2018/bp_18-1_Beitrag_Fusswinkel.html – abgerufen am 8.10.2024.

15 Börse Frankfurt – Bundesanstalt für Finanzdienstleistungsaufsicht (BaFin), https://www.boerse-frankfurt.de/wissen/ueber/organisation-der-boerse/bundesanstalt-fuer-finanzdienstleistungsaufsicht-bafin – abgerufen am 8.10.2024.

16 Vgl. Bundesamt für Sicherheit in der Informationstechnik – Blockchain sicher gestalten, https://www.bsi.bund.de/SharedDocs/Downloads/DE/BSI/Krypto/Blockchain_Analyse.pdf?__blob=publicationFile&;v=3 – abgerufen am 8.10.2024.

sind.[17] Im Kontext von Bitcoin wird diese Datenbank dazu genutzt, um Geldtransaktionen in einem Buch aufzuzeichnen und zu verwalten.[18]

Der englische Begriff *Chain* verdeutlicht die Ketteneigenschaft, in der die Transaktionen in „Blöcken" dokumentiert und in chronologischer Reihenfolge hinzugefügt („verkettet") werden.[19]

Alle darin enthaltenen Transaktionen (Blöcke) werden somit dauerhaft in der Blockchain aufgezeichnet.[20] In der Sprache der Buchhalter wäre die Blockchain das digitale Hauptbuch in einem gigantischen Buchhaltungssystem, das digitale Transaktionen zwischen Parteien aufzeichnet,[21] während die Blöcke bzw. jeder Block hierbei eine digitale Seite darstellt.

Die Informationen sind im Fall der Blockchain jedoch nicht zentral, sondern dezentral abgelegt (gespeichert).

1.2 Funktionsweise einer Blockchain

Personen, die sich mit dem Thema Blockchain befassen, kommen an der Distributed Ledger Technologie (DLT) nicht vorbei.[22] Während die Begriffe Blockchain und DLT häufig gleichbedeutend genutzt werden, gibt es doch technische Unterschiede:

„Distributed" bedeutet auf Deutsch „verteilt" (also dezentral), „Ledger" heißt dagegen „Kontenbuch" oder „Hauptbuch". Distributed Ledger Technologien lassen sich daher als verteilte Kontenbücher bzw. verteilte Hauptbücher bezeichnen.[23]

---

17 Vgl. Oracle – Was ist eine Datenbank, https://www.oracle.com/de/database/what-is-database/ – abgerufen am 8.10.2024.

18 HSLU Hochschule Luzern – Blockchain einfach erklärt, https://hub.hslu.ch/informatik/blockchain-einfach-erklaert/ – abgerufen am 8.10.2024.

19 Sandar Rueß - Computerwoche – So funktioniert Blockchain, https://www.computerwoche.de/a/so-funktioniert-blockchain,3331391 – abgerufen am 8.10.2024.

20 Vgl. Phemex – Was ist Bitcoin-Transaktion: Komponenten, Verifizierung und Datenschutz, https://phemex.com/de/academy/was-ist-bitcoin-transaktion-komponenten-verifizierung-und-datenschutz – abgerufen am 8.10.2024.

21 Sacha Briggen – Intusdata – Blockchain – ein digitales Transaktions Register & Basis für Smart Contracts, https://www.intusdata.ch/updates/blockchain-ein-digitales-transaktions-register-basis-fuer-smart-contracts/ – abgerufen am 8.10.2024.

22 Vgl. Flo Krause – Blockchainwelt – Was ist die Distributed Ledger Technology (DLT)? https://blockchainwelt.de/dlt-distributed-ledger-technologie-ist-mehr-als-blockchain/ – abgerufen am 8.10.2024.

23 Vgl. IOTA Services – Distributed Ledger Technologie, https://www.iota-services.com/distributed-ledger-technologie/ – abgerufen am 8.10.2024.

Die Grundidee der Blockchain-Technologie basiert auf der allgemeineren Konstruktion der Distributed Ledger Technologien. Dahinter steckt letztlich eine dezentrale Datenbank. Diese beschreibt eine Technik zur verteilten Datenhaltung in einem Peer-to-Peer-Netzwerk bei der Netzwerkknoten durch eine gemeinsame Übereinkunft über die Aktualisierung der Daten entscheiden (*peer* kann mit „Gleichgestellter" übersetzt werden; die Abkürzung P2P wird dabei häufig verwendet[24]).[25] Der Einfachheit halber wird die angerissene DLT nicht weiter vertieft, während ein Netzwerkknoten im Folgenden thematisiert wird.

Wie zuvor erwähnt, stellt technisch die Blockchain eine dezentrale Datenbank dar, die im Netzwerk auf einer Vielzahl von Rechnern (Computern) gespiegelt vorliegt.[26] Das bedeutet, dass im Sinne des dezentralen Netzwerkes eine Kopie der aktuellen Blockchain-Datenbank auf allen teilnehmenden oder beteiligten Rechnern im Netzwerk vorhanden ist. Einer der wichtigsten Faktoren dezentraler Netzwerke sind dabei der Netzwerkknoten oder Netzknoten (engl.: Nodes).[27]

> Als **Node bzw. Netzwerkknoten** bezeichnet man jeden Computer, der sich über den Download der Open-Source-Software mit der entsprechenden Kryptowährung seiner Wahl verbindet.[28]

Demnach ist jeder Computer, der im Netzwerk ist oder dem Netzwerk hinzugefügt wird und am System teilnimmt, ein Netzwerkknoten. Hierbei dient er prinzipiell als Verbindungspunkt für Datenübertragungen im Zusammenspiel mit weiteren Teilnehmern (Nodes) des Netzwerkes auf der

24 Vgl. Thomas Kaltofen, Jens Dose – Computerwoche – Die Grundlagen von Blockchain, https://www.computerwoche.de/a/die-grundlagen-von-blockchain,3330054 – abgerufen am 8.10.2024.

25 Vgl. Bundesamt für Sicherheit in der Informationstechnik – Blockchain sicher gestalten, https://www.bsi.bund.de/SharedDocs/Downloads/DE/BSI/Krypto/Blockchain_Analyse.pdf?__blob=publicationFile&;v=3 – abgerufen am 8.10.2024.

26 Vgl. Prof. Dr. Andreas Mitschele – Gabler Wirtschaftslexikon – Blockchain, https://wirtschaftslexikon.gabler.de/definition/blockchain-54161 – abgerufen am 8.10.2024.

27 Vgl. Bitpanda - Was ist eine Bitcoin Node? https://www.bitpanda.com/academy/de/lektionen/was-ist-eine-bitcoin-node/ – abgerufen am 8.10.2024.

28 Unternehmenswelt – Blockchain Nodes – Definition und Funktionsweise von Nodes, https://www.unternehmenswelt.de/blockchain-nodes-definition-und-funktionsweise-von-nodes – abgerufen am 8.10.2024.

ganzen Welt, die in der Summe das Rückgrat der Blockchain bilden. Die Netzwerkknoten:

- verwalten jeweils eine lokale Kopie der gesamten Daten,
- überprüfen neue Zusätze zur Blockchain und
- können selbst neue Daten in die Datenbank hinzufügen[29].

Ein von allen Rechnern verwendeter Konsensmechanismus sorgt dafür, dass die verteilten Daten in allen Knoten aktuell sind und übereinstimmen.[30] Um die Dezentralisierung zu gewährleisten, ist es notwendig, das Netzwerk entsprechend auf viele dieser Knotenpunkte zu verteilen[31]. Der oben angesprochene Konsensmechanismus bezeichnet einen Algorithmus, der eine Einigung (Konsens, Übereinstimmung) über den Status eines Netzwerks zwischen seinen Teilnehmern erzielt. Er wird im Folgenden eingehender erläutert.

Was versteht man unter einem Netzwerk? Was ist ein Algorithmus?
In der Informationstechnologie (IT) bezeichnet ein **Netzwerk** die Verbindung von mindestens zwei Computersystemen, entweder per Kabel oder drahtlos über eine Funkverbindung. Das einfachste Netzwerk ist der Zusammenschluss von zwei Computern, die mit einem Kabel verbunden werden.[32] Ein **Algorithmus** hingegen bezeichnet eine systematische, logische Regel oder Vorgehensweise, die zur Lösung eines vorliegenden Problems führt.[33] Besonders in der Informatik spielen Algorithmen eine große Rolle.

---

29 Vgl. Kai Schiller – Blockchainwelt – Unterschied: Blockchain versus traditionelle Datenbank, https://blockchainwelt.de/unterschied-blockchain-versus-traditionelle-datenbank-erklaert/ – abgerufen am 8.10.2024.

30 Bundesamt für Sicherheit in der Informationstechnik – Blockchain sicher gestalten, https://www.bsi.bund.de/SharedDocs/Downloads/DE/BSI/Krypto/Blockchain_Analyse.pdf?__blob=publicationFile& – abgerufen am 8.10.2024.

31 Vgl. Bitpanda - Was ist eine Bitcoin Node? https://www.bitpanda.com/academy/de/lektionen/was-ist-eine-bitcoin-node/ – abgerufen am 8.10.2024.

32 Ionos – Was ist ein Netzwerk? Definition, Erklärung und Beispiele, https://www.ionos.de/digitalguide/server/knowhow/was-ist-ein-netzwerk/ – abgerufen am 8.10.2024.

33 Robert Schanze – Giga – Was ist ein Algorithmus? Einfach erklärt, https://www.giga.de/ratgeber/specials/was-ist-ein-algorithmus-einfach-erklaert/ – abgerufen am 8.10.2024.

Die betreffende Blockchain zeichnet sich dementsprechend dadurch aus, dass ihre Einträge einer Transaktion über einen Konsensmechanismus in chronologischer Reihenfolge für alle Teilnehmer nachvollziehbar in Blöcken zusammengefasst und, sobald ein Block eine bestimmte Größe an Datenmenge erreicht hat, als Datenblock innerhalb dieser Blockchain abgespeichert werden.[34] Hat der Block seine vorgesehene Größe (Blockgröße) erreicht, entsteht der nächste Block und wird anschließend über das dezentral angelegte Peer-to-Peer-Netzwerk geradlinig aufgereiht und mit dem Vorgängerblock miteinander verkettet.[35] Der Genesis-Block ist dabei der allererste Datenblock in der Bitcoin-Blockchain.

Das Peer-to-Peer-Netzwerk oder die Peer-to-Peer-Technologie spielen eine wichtige Rolle in der Blockchain und Kryptowährungsbranche. Bei Peer-to-Peer-Netzwerken kommunizieren quasi alle Netzwerkgeräte „von Angesicht zu Angesicht", also direkt von einem Computer zu einem anderen Computer. D. h., es gibt keinen zentralen Server. Alle Geräte kommunizieren vielmehr gleichberechtigt. Daten werden zwischen den einzelnen Rechnern direkt herunter- und hochgeladen.[36]

Da jeder Block, der seine Größe an Datenmenge erreicht hat, über das dezentral angelegte Peer-to-Peer-Netzwerk geradlinig aufgereiht und mit dem Vorgänger-Block verkettet wird, hat jeder Block genau einen chronologischen Vorgänger und einen chronologischen Nachfolger. Weitere Verbindungen zwischen den Blocks gibt es nicht. Die Verknüpfungen mit dem vorangegangenen und folgenden Block sind allerdings unlösbar. Durch diese Verkettung der Blöcke in chronologischer Reihenfolge entsteht eine lange Kette von Datenblöcken bzw. eine stetig wachsende Blockkette.

Aus dieser digitalen Verkettung entsteht eine Liste, die die Werte ihrer Benutzer sowie sämtliche abgespeicherten Datensätze zu jedem Zeitpunkt dokumentiert: Ein globales Transaktionsregister![37]

---

34 Vgl. Andreas Mitschele – Gabler Wirtschaftslexikon – Blockchain, https://wirtschaftslexikon.gabler.de/definition/blockchain-54161 – abgerufen am 8.10.2024.

35 Hornetsecurity – Crypto Mining: Definition und Funktion erklärt, https://www.hornetsecurity.com/de/wissensdatenbank/crypto-mining/ – abgerufen am 8.10.2024.

36 Vgl. Robert Schanze, GIGA – Was ist Peer-to-Peer? Einfach erklärt, https://www.giga.de/tipp/was-ist-peer-to-peer-einfach-erklaert/ – abgerufen 8.10.2024.

37 Deloitte – Was sind die Chancen und Risiken der Blockchain? https://www2.deloitte.com/de/de/pages/innovation/contents/Blockchain-Game-Changer.html – abgerufen am 8.10.2024.

Schließlich sorgen kryptografische Mechanismen unter anderem dafür, dass einmal in die Blockchain aufgenommene Daten rückwirkend nicht mehr verändert oder entfernt werden können[38]. Jede Veränderung eines Datenblockes würde den logischen Bezug zu den Folgedatenblöcken verändern, was das System nicht erlaubt. Einmal getätigte Transaktionen sind somit irreversibel. Insoweit kann die Blockchain nicht manipuliert werden.[39] Mehr Details hierzu finden sich im Abschnitt Hashwert und Hashfunktion.

Der einzelne Datenblock bezieht sich unterdessen auf eine Reihe von beispielsweise Bitcoin-Transaktionen in einer bestimmten Zeitspanne. Je nach Kryptowährung gibt es eine individuelle Blockchain-Blockgröße.[40]

> Die maximale Größe eines Blocks bei Bitcoin ist dabei im Bitcoin-Protokoll klar festgelegt: Die Rahmenbedingungen der Blockgröße und der Blockgeneration des Bitcoin-Protokolls beschränken die durchschnittliche Blockgenerationszeit auf 10 Minuten und die maximale Blockgröße auf 1 MegaByte (MB).[41] Je nachdem, wie viele Informationen die Transaktionen enthalten, könnte in dem einen MB theoretisch nur eine Transaktion sein. Meistens sind es aber mehrere Hunderte.[42] Am 18. September 2018 betrug die durchschnittliche Blockgröße im Bitcoin-Netzwerk 0,8 MB und die durchschnittliche Anzahl an Transaktionen pro Block 1609. Insofern sorgte ein neuer Block mit 2 MB,

---

38 Bundesanstalt für Sicherheit in der Informationstechnik – Blockchain macht Daten praktisch unveränderbar, https://www.bsi.bund.de/DE/Themen/Verbraucherinnen-und-Verbraucher/Informationen-und-Empfehlungen/Technologien_sicher_gestalten/Blockchain-Kryptowaehrung/blockchain-kryptowaehrung.html – abgerufen am 8.10.2024.

39 Vgl. Verbraucherportal Bayern – Kryptowährungen: Chancen und Risiken, https://www.vis.bayern.de/geld_versicherungen/konten_zahlungsverkehr/kryptowaehrungen.htm – abgerufen am 8.10.2024.

40 Vgl. Manuel Schmedler – Nextmarkets – Was ist ein Block in der Blockchain? https://www.nextmarkets.com/de/handel/blockchain/block – abgerufen am 8.10.2024.

41 Vontobel Markets – Das Bitcoin 1x1 – Teil 6: Die Skalierbarkeit der Blockchain, https://markets.vontobel.com/de-de/inspiration/5112/das-bitcoin-1x1-teil-6-die-skalierbarkeit-der-blockchain – abgerufen am 8.10.2024.

42 Vgl. Gregor Gruber – Futurezone – Mining: So funktioniert das Schürfen nach Bitcoin, https://futurezone.at/digital-life/mining-so-funktioniert-das-schuerfen-nach-bitcoin/400002913 – abgerufen am 8.10.2024.

genauer gesagt mit 2,26 MB, der am 5. September 2018 der Blockchain zugefügt wurde, für Erstaunen.[43]

Was bedeutet MegaByte (MB)?
MegaByte (MB) ist eine Standardeinheit in der Informationstechnologie (IT) und Digitaltechnik, die eine Dateigröße oder die Kapazität eines Datenspeichers benennt. Der Begriff setzt sich aus dem griechischen Wort „Mega“ (Million) und „Byte“ zusammen. Dabei ist ein Byte die Folge von 8 Bits, wiederum die kleinste Datenmenge, die ein Computer bei der Datenspeicherung und Datenverarbeitung verarbeitet.[44]

Prinzipiell sind die Transaktionsdaten der Bitcoin-Blockchain öffentlich. Das bedeutet, dass die Blockchain für jedermann einsehbar ist. Entsprechend kann jeder Nutzer sehen, welche Transaktion durchgeführt wird. Nicht einsehbar ist hingegen, wer diese Transaktion durchführt. Die Teilnehmer einer Transaktion weisen sich nur per Kontonummer, dem Public Key, aus, die sie in ihrem Wallet, einem digitalen Schlüsselbund, speichern. Ein Verfahren ohne Klarnamen (richtiger Name) wird „Pseudonym“ genannt.

Nur mit ihrem Private Key im Wallet weisen die Benutzer nach, dass ihnen die der Kontonummer zugeordneten Bitcoins gehören. Und nur ihr Private Key erlaubt es ihnen, Bitcoins zu transferieren, da er als kryptographischer Schlüssel die Transaktion autorisiert.[45] Sowohl das hier erwähnte Wallet als auch der Private Key werden in diesem Buch noch ausführlich erörtert.

---

43 Vgl. Patrick Thompson – Cointelegraph – Der aktuelle Status des Bitcoin-Netzwerkes und sein größter Block, https://de.cointelegraph.com/news/the-current-state-of-the-bitcoin-network-and-its-biggest-block – abgerufen am 8.10.2024.

44 Ionos – Was ist ein Megabyte? https://www.ionos.de/digitalguide/websites/web-entwicklung/was-ist-ein-megabyte/ – abgerufen am 8.10.2024.

45 Vgl. Deloitte – Was sind die Chancen und Risiken der Blockchain? https://www2.deloitte.com/de/de/pages/innovation/contents/Blockchain-Game-Changer.html – abgerufen am 8.10.2024.

1.3 Blockchain-Konsensmechanismus

Der zuvor angesprochene Konsensmechanismus oder Konsensverfahren (engl.: Proof of Authority) ist für eine Blockchain von zentraler Bedeutung. Bitcoin verwendet dabei die Peer-to-Peer-Technologie ohne zentrale oder übergeordnete Instanz, also dezentral.

Damit aber die Blockchain Entscheidungen treffen kann, muss sie mithilfe von Konsensmechanismen zu einer Einigung über alle Netzknoten hinweg gelangen.[46] Vereinfacht bezeichnet ein Konsensmechanismus einen Algorithmus, der eine Einigung über den Status eines Netzwerks zwischen seinen Teilnehmern erzielt. Im Kontext der Kryptowährungen werden bei dem Konsensverfahren Konsens-Algorithmen dazu eingesetzt, um sicherzustellen, dass Transaktionen gültig sind, die Aufzeichnungen über diese Transaktionen an alle Teilnehmer des Netzwerks (die Knoten) verteilt werden und eine vollständige, identische Kopie der kompletten verteilten Datenbank besitzen,[47] umso auf alle betreffenden Datensätze zugreifen können.

Die bei dem Konsensverfahren eingesetzten Konsens-Algorithmen werden auch als das „Herzstück“ der Funktionsweise von Kryptowährungen wie Bitcoins bezeichnet, das die Blockchain vor Manipulation und böswillig handelnden Akteuren schützt.[48] In einem zentralisierten System erledigt diese Aufgabe eine zentrale Einheit, wie etwa eine Bank. Auf einer Blockchain, beispielsweise im Bitcoin-Netzwerk, sind eine Gruppe von Teilnehmern, die miteinander konkurrieren, so genannte ‚Miner‘ oder ‚Schürfer‘ für diesen Prozess verantwortlich, indem sie ihre Computer komplexe Daten mittels Blockchain verarbeiten lassen. Schließlich wickelt das Bitcoin-Netzwerk die Transaktionen ab, indem es alle Transaktionen eines bestimmten Zeitraums sammelt und in einer Liste zusammenfügt, der bereits erwähnte Block. Dagegen ist die Aufgabe des Miners, diese Transaktionen zu bestätigen und in ein Kontenbuch einzutragen.[49]

---

46 Vgl. Otto Geißler, Peter Schmitz – DEV Insider – Das Blockchain-Konsensprotokoll, https://www.dev-insider.de/das-blockchain-konsensprotokoll-a-60c765809a8fe9d655d2ac9ba8b017c1/ – abgerufen am 8.10.2024.

47 Jochen Metzger – Gabler Wirtschaftslexikon – Konsensmachanismus, https://wirtschaftslexikon.gabler.de/definition/konsensmechanismus-54411 – abgerufen am 15.01.2022.

48 Vgl. Bitpanda - Was ist eine Bitcoin Node? https://www.bitpanda.com/academy/de/lektionen/was-ist-eine-bitcoin-node/ – abgerufen 8.10.2024.

49 Vgl. BTC Echo – Was ist Bitcoin Mining? https://www.btc-echo.de/academy/bibliothek/was-ist-bitcoin-mining/ – abgerufen am 8.10.2024.

Der oben genannte Schürfer (oder Miner) wird im weiteren Verlauf des Buches immer wieder aufgegriffen und in einem gesonderten Abschnitt vertieft beschrieben.

Konsensmechanismen bzw. Konsens-Algorithmen können über verschiedene Wege eine Einigung (Konsens) herbeiführen, während die meisten Blockchain-Projekte derzeit eines der beiden bekanntesten Konsensverfahren nutzen,[50] um Transaktionen auf der Blockchain zu validieren: Und zwar die Proof-of-Work-Methode und die Proof-of-Stake-Methode. Der Unterschied zwischen der Proof-of-Work-Methode und der Proof-of-Stake-Methode liegt darin, wie die Validierung der Transaktionen erfolgt (Validierungsprozess).[51]

Was bedeutet „zu validieren"?
Validieren bedeutet etwas auf Gültigkeit prüfen; die Richtigkeit einer Methode beispielhaft zu testen; die Eignung einer Methode für einen bestimmten Zweck feststellen. Prinzipiell ist die Validierung die Erbringung eines dokumentierten Nachweises, dass ein bestimmter Prozess oder ein System kontinuierlich ein Produkt erzeugt, das die zuvor definierten Spezifikationen und Qualitätsmerkmale erfüllt.[52]

Konsens-Algorithmen: Proof of Work (PoW)

Transaktionen von Kryptowährungen wie Bitcoins werden in Blöcke zusammengefasst, bis die entsprechende Blockgröße erreicht wurde. Wenn ein neuer Block, also ein neuer Baustein an die Blockchain angehängt wird, muss dieser auf seine Korrektheit überprüft werden.[53]

Proof of Work (PoW; Arbeitsnachweis) ist der Konsens Algorithmus, der der Bitcoin-Blockchain zugrunde liegt und für die Validierung und

50 Coinhero – Proof of Work vs. Proof of Stake, https://coin-hero.de/wissen/proof-of%20-work-vs-proof-of-stake/ – abgerufen am 8.10.2024.

51 Die Grundlagen der Blockchain-Technologie, https://www.wissen.de/die-grundlagen-der-blockchain-technologie – abgerufen am 8.10.2024.

52 Vgl. Digital Life Sciences GmbH – Validierung, https://www.digital-ls.de/glossar/validierung/ - abgerufen am 8.10.2024.

53 BASIS Thinking – Krypto-Buzzwords unchained: Was ist ein Konsensmodell und welche gibt es? https://www.basicthinking.de/blog/2021/06/11/konsesmodell-kryptowaehrung-erklaerung/ – abgerufen am 8.10.2024.

Generierung neuer Blöcke einer Blockchain genutzt wird. Er wird als Proof of Work bezeichnet, da die teilnehmenden Nodes (Miner mit Rechnern) im Bitcoin-Netzwerk eine Art Arbeit, in der Regel durch Rechenleistung, verrichten bzw. mithilfe dieser komplexe mathematische Rechenaufgaben lösen, die ein Ergebnis der Verschlüsselung sind und die Transaktionen in einem Blockchain-Netzwerk absichern.[54]

Dieses entsprechende Konsensmodell gibt die Spielregeln vor, anhand derer neue Blöcke auf ihre Korrektheit überprüft werden. Durch die Validierung der Transaktionen erhalten Beteiligte (Miner) eine Entlohnung.[55] Der erste Miner, der die „Gleichungen" löst und dabei einen Block von Transaktionen validiert, erhält die Blockbelohnung, den Block Reward. Auf diese Weise treten in Form neu ausgeschütteter Coins. im Grunde genommen mit ihrer Rechenleistung in Konkurrenz zueinander. Dabei spielt die Rechenleistung eine wesentliche Rolle für den Erfolg. So haben Miner mit hochleistungsfähigen Rechnern einen großen Wettbewerbsvorteil gegenüber Personen, die eine Hardware nutzen, die weniger leistungsstark ist. Wer also mehr Rechenleistung stellen kann, erreicht mit höherer Wahrscheinlichkeit eine Blockprämie.[56]

Im Zusammenhang mit dem Mining kann noch auf Folgendes hingewiesen werden: In der Fachliteratur über Bitcoin und Kryptowährung wird zum Thema Mining häufig darauf hingewiesen, dass nicht komplexe mathematische Rechenaufgaben durch den Rechner gelöst werden, sondern dass es sich um eine Art Ratespiel, Rätsel oder Gleichung handelt, bei dem die Miner eine zufällige Zahl, die als *Nonce* (Abkürzung für „number only used once") bezeichnet wird,[57] erraten müssen, die dann zu den bekannten Werten des erstellenden Blocks hinzugefügt wird. In diesem Buch werden alle eben genannten Ausdrucksweisen verwendet.

Die einzige Möglichkeit, um die Chancen beim „Ratespiel" zu erhöhen, ist möglichst schnell viele Antworten zu geben. Um das zu erreichen, ist eine Hardware mit einer möglichst hohen *Hashrate* nötig. Bei dem Begriff

---

54 Die Grundlagen der Blockchain-Technologie, https://www.wissen.de/die-grundlagen-der-blockchain-technologie – abgerufen am 8.10.2024.

55 Vgl. Crypto Pedia – Proof of Work, https://crypto-pedia.de/wissen/technologien/blockchain/proof-of-work/ – abgerufen am 8.10.2024.

56 BTC Echo - Proof of Work, https://www.btc-echo.de/academy/bibliothek/proof-of-work/ – abgerufen am 8.10.2024.

57 Bitpanda – Konsens-Algorithmen: Proof of Work, https://www.bitpanda.com/academy/de/lektionen/konsens-algorithmen-proof-of-work/ – abgerufen am 8.10.2024.

Hashrate handelt es sich um eine Kennzahl (um einen Zahlenwert), der den Zustand eines Prozesses beschreibt. Die Hashrate wird ebenfalls in diesem Buch detaillierter erläutert.

Um die Rechenleistung zu erhöhen, schließen sich Miner oftmals auch zu einer Gemeinschaft zusammen, zu „Pools". Dabei wird die eigene Rechenleistung vom Miner dem „Mining Pool" beigesteuert (umgangssprachlich „Pooling"). Findet bzw. löst der Pool einen Block, wird der Block Reward unter den Mitgliedern des Pools im vorher vereinbarten Verhältnis aufgeteilt.[58]

Hat ein Miner als Erster eine Lösung gefunden, verteilt er die Lösung der Aufgabe sowie die Einträge des Blocks an das Netzwerk, so dass andere Miner auf diesem Block aufbauen und einen weiteren Block mit neuen Einträgen anhängen können, was die Voraussetzung für die Verlängerung einer Blockchain, also die Verkettung von Datenblöcken ist.

Durch die Lösung der Rechenaufgabe wird schließlich bewiesen, dass der Rechenweg fehlerfrei durchgeführt wurde (Proof of Work). Viele große Kryptowährungen wie Bitcoin, Dogecoin, Litecoin, Ethereum Classic und Monero verwenden den Proof-of-Work-Konsens-Algorithmus.[59]

Konsens-Algorithmen: Proof of Stake (PoS)

Nach Proof of Work ist die Proof-of-Stake-Methode (PoS; Anteilsnachweis) der am häufigsten verwendete Konsens-Mechanismus in der Blockchain-Technologie. Genau wie Proof of Work ist die Proof-of-Stake-Methode die Grundlage für die Erreichung einer Einigung. Das Verfahren entstand als Alternative zum rechenzeitintensiven Arbeitsnachweis der zuvor beschriebenen Proof-of-Work-Methode.[60]

Proof of Stake verfolgt dasselbe Ziel wie Proof of Work: Validierung von Transaktionen durch das Erstellen eines neuen *Hashes*.[61] Im Gegensatz zur

---

58 Vgl. Gregor Gruner - Futurezone – Mining: So funktioniert das Schürfen nach Bitcoin, Futurezone, https://futurezone.at/digital-life/mining-so-funktioniert-das-schuerfen-nach-bitcoin/400002913 – abgerufen am 8.10.2024.

59 Josef Tischmacher – Blockchainwelt – Proof of Work vs. Proof of Stake, https://blockchainwelt.de/proof-of-work-und-proof-of-stake/ – abgerufen am 8.10.2024.

60 Vgl. Daniel Käfer - Adesso - Blockchain, die vermeidbare Energieverschwendung, https://www.adesso.de/de/news/blog/blockchain-die-vermeidbare-energieverschwendung.jsp – abgerufen am 8.10.2024.

61 Vgl. Ultima - Was ist Proof of Stake und wie funktioniert dieser Algorithmus? https://blog.ultima.io/de/was-ist-proof-of-stake/ – abgerufen am 8.10.2024.

Proof-of-Work-Methode verwenden Proof-of-Stake-Mechanismen jedoch nur sehr einfache Rechenaufgaben, wodurch ein Großteil der hohen Rechenkapazität und damit der immense Stromverbrauch entfällt.

Der Algorithmus zur Auswahl der Person, die den nächsten Block erstellen darf, wird statt durch die Rechenleistung durch das Vermögen der Personen beeinflusst.[62] Dafür setzen Krypto-Halter bei diesem Verfahren, neben dem Lösen einer Rechenaufgabe, einen Anteil an Coins („stake") an den im Netzwerk gehandelten Kryptowerten ein. Genauer gesagt: Um in einem Proof of Stake-Netzwerk Transaktionen überprüfen und neue Blöcke erzeugen zu können, müssen die Netzwerkteilnehmer einen gewissen Anteil („Stake") an Coins oder Token des Netzwerks besitzen. Das Einzahlen dieses Anteils wird als „placing a stake" oder „staking" bezeichnet. Wie viele Blöcke ein Netzwerkteilnehmer eines PoS-Systems erzeugen kann, hängt somit von der Größe seines Anteils im Netzwerk ab.[63]

Daraus ergibt sich: Je mehr Münzen eine Person von einer virtuellen Währung besitzt, die nach dem Proof-of-Stake-Modell funktioniert, desto wahrscheinlicher ist es, dass diese Person ausgewählt wird, um Blöcke zu validieren und zur Blockkette hinzuzufügen.[64]

Um zusätzliche Sicherheit im Netzwerk zu schaffen, werden die Teilnehmer für jeden neuen Block per Zufallsprinzip ermittelt. Da der Proof-of-Stake-Prozess weniger Rechenleistung benötigt als die Proof-of-Work-Methode, beansprucht auch weniger Ressourcen. Im Gegensatz zu Proof of Work wird insofern auch keine kostspielige Mining-Hardware benötigt. Und da das Verfahren auch nicht so energieintensiv ist, hat es auch geringere Auswirkungen auf den Stromverbrauch und damit zugleich einen konkreten relativen Vorteil für den Umweltschutz.[65]

---

62 Futurezone – Mining: So funktioniert das Schürfen nach Bitcoin, https://futurezone.at/digital-life/mining-so-funktioniert-das-schuerfen-nach-bitcoin/400002913 – abgerufen am 8.10.2024.

63 Vgl. Bitpanda - Konsens-Algorithmen: Proof of Stake, https://www.bitpanda.com/academy/de/lektionen/konsens-algorithmen-proof-of-stake/ – abgerufen am 8.10.2024.

64 Vgl. Wissen – Die Grundlagen der Blockchain-Technologie, https://www.wissen.de/die-grundlagen-der-blockchain-technologie – abgerufen am 8.10.2024.

65 t3n – Kryptowährungen: Das unterscheidet Proof-of-Work und Proof-of-Stake, https://t3n.de/news/kryptowaehrungen-proof-work-stake-ethereum-1379011/ – abgerufen am 8.10.2024.

Weil es sich beim Proof-of-Stake-Prozess nicht um Mining handelt, werden Blöcke hierbei „geschmiedet“ oder „geformt“ und nicht geschürft. Es sind also „Forger“ (Validatoren). Sie betreiben „Forging“.[66]

Zu den großen Kryptowährungen, die auf den Proof-of-Stake-Konsens-Algorithmus setzen, gehören z. B. die Kryptowährungen Ethereum, Solana, Cardano, Polkadot und Polygon.[67]

Was die Umstellung von Netzwerken auf ein anderes Konsensverfahren betrifft, ist dies theoretisch möglich.[68]

> Ein aktuelles Beispiel für eine Umstellung ist die Kryptowährung Ethereum, die derzeit zweitgrößte Kryptowährung gemessen an der Marktkapitalisierung hinter dem Bitcoin. Ethereum hat neuerdings die Blockchain vom Proof-of-Work-Ansatz auf den Konsens-Algorithmus Proof of Stake umgestellt. Der Ethereum-Merge (Merge = Verschmelzung) fand im September 2022. Der vollzogene Konsenswechsel markiert einen Neubeginn von Ethereum.
> Mit der erfolgreichen Konsensumstellung endet auch das bisherige Mining dieser Kryptowährung endgültig. Von nun an können Blöcke „nur“ noch geschmiedet bzw. geformt werden.[69] Der wesentliche Vorteil von Ethereum vom Wechsel von der Proof-of-Work- auf die Proof-of-Stake-Methode liegt tatsächlich im drastischen reduzierten Energieverbrauch. Ob die Verschmelzung jedoch wirklich erfolgreich sein wird, ist schwer vorauszusagen.

Nach dem beschriebenen Wechsel von Ethereum vom Konsensmechanismus Proof of Work auf Proof of Stake stellt sich zwangsläufig die Frage, welcher Konsensmechanismus besser ist. Doch jeder Algorithmus hat seine Vor- und Nachteile. Bei der Diskussion um den besseren Mechanismus geht es primär um die drei nachstehenden Themengebiete:

---

66 Futurezone – Mining: So funktioniert das Schürfen nach Bitcoin, https://futurezone.at/digital-life/mining-so-funktioniert-das-schuerfen-nach-bitcoin/400002913 – abgerufen am 8.10.2024.

67 Josef Tischmacher – Blockchainwelt – Proof of Work vs. Proof of Stake, https://blockchainwelt.de/proof-of-work-und-proof-of-stake/ – abgerufen am 8.10.2024.

68 Wuppertal Institut – Blockchains nachhaltig gestalten, https://wupperinst.org/a/wi/a/s/ad/7461 – abgerufen am 8.10.2024.

69 Vgl. Florian Berger – PC Builders Club – Wann kommt Ethereum 2.0? Das Ende des GPU-Minings naht, https://www.pcbuildersclub.com/2022/01/wann-kommt-ethereum-2-0-das-ende-des-gpu-minings-naht/ – abgerufen am 8.10.2024.

- Stromverbrauch,
- Skalierbarkeit (Messbarkeit) sowie
- Dezentralität[70] und Sicherheit.

Bei Proof of Stake gibt es vor allem Vorteile in Bezug auf Skalierbarkeit und Stromverbrauch: Die Proof-of-Stake-Methode ist besser skalierbar, und Proof-of-Stake-Währungen wie Ethereum benötigen weniger energieintensive Rechenleistungen, wodurch sie als umweltfreundlicher gelten. Im Gegensatz zu Proof of Work wird bei diesem Verfahren daher auch keine kostspielige Mining-Hardware benötigt.[71]

Definition von Skalierbarkeit
Skalierbarkeit leitet sich vom lateinischen Wort *scalae* (Leiter, Treppe) ab und bezeichnet unter anderem die Fähigkeit eines Systems, sich an die Anforderungen einer steigenden Belastung anzupassen, ohne dass dabei die Leistungsfähigkeit gemindert wird.[72]

Zum Thema Sicherheit der beiden Konsensmechanismen kann Folgendes gesagt werden: Das Proof-of-Work-Verfahren im Bitcoin-Netzwerk verlangt einen kontinuierlich steigenden Aufwand von Rechenleistung. Dieser Aufwand kann anhand der Hashrate gemessen werden. Je höher die Hashrate, desto mehr Energie müsste aufgewendet werden, um die einmal geformte, längste und somit gültige Kette (Blockchain) zu durchbrechen oder zu verändern. Der Proof-of-Work-Konsens des Bitcoin-Netzwerks gilt laut Befürwortern heute als so sicher wie nie zuvor.

Ferner gilt das Konzept als eines der wenigen, die bisher ohne Erfolg angegriffen wurden. Die Sicherheit ist demnach als extrem hoch einzuschätzen. Der Proof-of-Stake-Konsens wird hingegen durch die „gestakten" Coins abgesichert. Theoretisch kann beim Proof-of-Stake-Verfahren daher z. B. durch Absprachen, deutlich einfacher in die Blockchain eingegriffen

70 Josef Tischmacher – Blockchainwelt – Proof of Work vs. Proof of Stake, https://blockchainwelt.de/proof-of-work-und-proof-of-stake/ – abgerufen am 8.10.2024.

71 T3n – Kryptowährungen: Das unterscheidet Proof-of-Work und Proof-of-Stake, https://t3n.de/news/kryptowaehrungen-proof-work-stake-ethereum-1379011/ – abgerufen am 8.10.2024.

72 Torq.Partners, Skalierbarkeit, https://www.torq.partners/resources/glossary/skalierbarkeit#:~:text=Definition%20von%20Skalierbarkeit - abgerufen am 10.10.2024.

werden. Eine absolute Sicherheit zur Unverfälschtheit der Transaktionen ist hier nicht gegeben.

Im Bereich Sicherheit muss zudem das Risiko eines 51-%-Angriffs betrachtet werden. Hierbei handelt es sich um einen gezielten Angriff auf das jeweiligen Blockchain-Projekts. Ziel der Attacke ist es, mindestens 51 % der Blockchain zu übernehmen, um die „Macht" über deren Transaktionen zu bekommen oder die Kette nachträglich ändern zu können.

Bei Proof of Work muss ein Angreifer 51 % der Energie des Netzwerks aufwenden. Da das Proof-of-Work-Konzept auf Rechenleistung aufbaut, muss ein Angreifer im Bitcoin Netz einen massiven Energieaufwand leisten.

> Die Hashrate hat im Oktober 2022 ein neues Allzeithoch erreicht. Für den Betrieb der Blockchain muss dann eine extrem hohe Hashrate aufgebracht werden. Einen derartigen Kraftakt könnte wohl nur ein großer Staat wie China aufbringen. Doch da nicht alle Nodes (Netzwerkknoten) des Bitcoin-Netzwerks in China stehen, ist ein solches Szenario im Fall von Bitcoin unwahrscheinlich. Gestärkt wird diese These dadurch, dass einer Schätzung zufolge sich die Kosten für einen 51-%-Angriff auf Bitcoin auf etwas mehr als 15 Milliarden US-Dollar liegen.[73]

Bei Proof of Stake müsste der Angreifer hingegen mehr als 51 % aller Coins besitzen.

> Am 11.01.2023 lag beispielsweise die Marktkapitalisierung von Ethereum bei rund 162 Milliarden US-Dollar. Ein Angreifer müsste also etwas mehr als 81 Milliarden US-Dollar aufwenden, um über die Hälfte der Ethereum Coins zu kaufen. Dabei ist nicht klar, ob ein solcher Angreifer überhaupt alle notwendigen Coins erhalten würde. Die Besitzer müssen ja schließlich auch verkaufen.

Bei beiden Angriffsszenarien muss berücksichtigt werden, dass der Angreifer das eingesetzte Kapital für den Energieaufwand oder den Kauf der Coins

73 Vgl. Bitpanda – Was ist ein 51 %-Angriff und wie wird er verhindert? https://www.bitpanda.com/academy/de/lektionen/was-ist-ein-51-angriff-und-wie-wird-er-verhindert/ – abgerufen am 10.10.2023.

letztlich komplett verlieren würde, da die Projekte bei der Andeutung eines derartigen Angriffs in sich zusammenbrechen würden.[74]

Hinsichtlich der Dezentralität der beiden Konsensmechanismen kann Folgendes festgehalten werden: Während der Proof-of-Stake-Mechanismus die Kryptowährungen letztlich in den Händen einiger weniger zentralisiert, ermöglicht Proof of Work wirkliche Dezentralität. Ethereum und andere Kryptowährungen, die Proof of Stake verwenden, werden von Stiftungen oder Unternehmen herausgegeben, die im Regelfall eine relevante Menge der im Umlauf befindlichen Coins halten, wodurch sie de facto einen großen Einfluss auf Entscheidungen haben, die die Zukunft der Kryptowährung betreffen.[75]

Die meisten Blockchain-Projekte verwenden derzeit eines der beiden oben beschriebenen Konsensverfahren. Daneben gibt es allerdings weitere Konsensmechanismen. Die momentan am häufigsten verwendeten Konsensmechanismen sind:

- Proof of Work (PoW),
- Proof of Stake (PoS),
- Delegated Proof of Stake (DPoS),
- Proof of Authority (PoA) sowie
- Proof of History (PoH).[76]

Im Prinzip haben alle diese aufgeführten Systeme dasselbe Ziel: Neue Daten im Netzwerk überprüfen. Nur die Art und Weise, wie die Miner ausgewählt werden, ist unterschiedlich.[77]

74 Vgl. Josef Tischmacher – Blockchainwelt – Proof of Work vs. Proof of Stake, https://blockchainwelt.de/proof-of-work-und-proof-of-stake/ – abgerufen am 10.10.2024.

75 Vgl. Computer Bild – Kryptowährung: Zukunft von Bitcoin – was ist möglich? https://www.computerbild.de/artikel/cb-Tipps-Finanzen-Kryptowaehrung-Zukunft-Bitcoin-31745135.html – abgerufen am 10.10.2024.

76 Vgl. Techopedia - Konsensalgorithmus (Konsensmechanismus), https://www.techopedia.com/de/definition/konsensalgorithmus-konsensmechanismus - abgerufen am 10.10.2024.

77 Vgl. Blockchain Hero - Blockchain Verifizierung: Wie funktioniert es? https://blockchain-hero.com/blockchain-verifizierung-wie-funktioniert-es/ – abgerufen am 10.10.2024.

1.4 Open-Source-Software

Die meisten öffentlichen Blockchains wie Bitcoin und Ethereum basieren auf einem Open-Source-Ansatz („offene Quelle"), bei dem sich jedermann an der Weiterentwicklung der Blockchain-Architektur beteiligen kann.[78] Die Technologie ist also „offen" für alle.[79]

> „Die Grundidee hinter dem Begriff *Open Source* bezieht sich auf den kontinuierlichen freien Informationsaustausch von Wissenschaftlern und Forschern, einschließlich Erkenntnissen zu bestimmten Themen".

Ein besonderes Merkmal im Kontext von Bitcoin und anderen Kryptowährungsprojekten ist, dass sie von unabhängigen Unternehmen transparent und kooperativ entwickelt werden. So gehört Bitcoin z. B. nicht zu einem einzelnen Unternehmen. Bitcoin hat weder einen Geschäftsführer noch eine zentrale Entscheidungskompetenz. Stattdessen wird Bitcoin kollaborativ (gemeinsam) und öffentlich entwickelt.

Bezogen auf die Software bedeutet dies, dass jeder User (Anwender) die Software herunterladen und installieren, sie verändern und weitergeben darf.[80] Was Transaktionen bzw. die Blockchain angeht, ist sie für jedermann öffentlich einsehbar.[81] Das Design von Bitcoin ist ebenso öffentlich. Schließlich gehört Bitcoin niemanden und wird von niemandem kontrolliert.[82]

---

78 Vgl. Bundesnetzagentur – Die Blockchain-Technologie Grundlagen, Potenziale und Herausforderungen, https://www.bundesnetzagentur.de/DE/Fachthemen/Digitalisierung/Technologien/Blockchain/Links_Dokumente/einfuehrung_bc.pdf?__blob=publicationFile&v=12 – abgerufen am 10.10.2024.

79 Deloitte – Was sind die Chancen und die Risiken bei Blockchain? https://www2.deloitte.com/de/de/pages/innovation/contents/Blockchain-Game-Changer.html – abgerufen am 10.10.2024.

80 Bitpanda – Was bedeutet "Open Source"? https://www.bitpanda.com/academy/de/lektionen/was-bedeutet-open-source/ – abgerufen am 10.10.2024.

81 Vgl. Marcus Schuler – Tagesschau – Warum Kryptowährungen viele faszinieren, https://www.tagesschau.de/wirtschaft/finanzen/kryptowaehrungen-101.html – abgerufen am 10.10.2024.

82 Bitcoin – Bitcoin ist ein innovatives Zahlungsnetzwerk und eine neue Art von Geld, https://bitcoin.org/de/ – abgerufen am 10.10.2024.

Was ist der Unterschied zwischen Hard- und Software?
Hardware ist das Gegenstück zur **Software**. Während Software die digitalen Bestandteile der Informationstechnologie (IT) meint, sprich die Programme, meint Hardware die materiellen Komponenten. Beim Computer bezeichnet man z. B. die Festplatte, den Arbeitsspeicher und den Prozessor als Hardware, das Betriebssystem hingegen als Software.

Als Gegenbegriff für Open-Source-Software wird proprietäre Software (engl.: proprietary software) verwendet. Dies bezeichnet herkömmlich lizenzierte Software oder kommerzielle Software.[83]

1.5 Blockchains und Sicherheit

Bei der Blockchain stellt sich immer wieder die Frage nach der Sicherheit dieser Technologie. Blockchains werden durch kryptografische Verfahren wie Hashfunktionen oder digitale Signaturen gesichert. Diese sind nach heutigem Stand sichere und bewährte Konzepte, die vor Manipulation und Fälschung schützen können. Daneben gibt es aber viele weitere Aspekte, insbesondere der praktischen Umsetzung, die bei der Sicherheitsbetrachtung von Blockchains berücksichtigt werden müssen.

In der Praxis, z. B. bei Bitcoin, zeigen sich Probleme insbesondere durch Fehler in der Implementierung, unsichere Netzwerkprotokolle oder schlecht gesicherte Endanwendungen (beispielsweise Wallets).[84]

Was bedeutet Implementierung? Was ist ein Netzwerkprotokoll? Und was versteht man unter einer Endanwendung?
Von **Implementierung** spricht man in der Softwareentwicklung, wenn es um die Umsetzung eines zuvor geplanten Entwurfs in

83 Vgl. Ifross – Was ist "proprietäre Software" bzw. "Closed-Source-Software"? https://www.ifross.org/?q=was-proprietaere-software-bzw-closed-source-software – abgerufen am 10.10.2024.

84 Bundesamt für Sicherheit in der Informationstechnik – Blockchain macht Daten praktisch unveränderbar, https://www.bsi.bund.de/DE/Themen/Verbraucherinnen-und-Verbraucher/Informationen-und-Empfehlungen/Technologien_sicher_gestalten/Blockchain-Kryptowaehrung/blockchain-kryptowaehrung_node.html – abgerufen 10.10.2024.

ausführbaren Programmcode geht. Ganz allgemein gesprochen bedeutet das Wort nichts anderes als Umsetzung, Aus- oder Durchführung.[85] **Netzwerkprotokolle** regeln dagegen den Datenaustausch in Computernetzen zwischen Computern, die in einem Rechnernetz miteinander verbunden sind.[86] Unter einer **Endanwendung** wird hingegen die Anwendung/die Nutzung eines Produkts, besonders einer Software, verstanden.

Trotz der oben angesprochenen Kehrseiten liegt das Potenzial der Blockchain-Technologie vor allem in der Transparenz und Nachvollziehbarkeit[87].

> „Blockchains funktionieren vom Prinzip her zunächst mal offen. D. h., dass jeder alle Transaktionen oder Prozessabläufe, die in einer Blockchain gespeichert sind, nachvollziehen kann. Für Geschäftsgeheimnisse ist dieser Weg somit keine Option. Doch dafür lassen sich private Blockchains nutzen. Die gleichen Aspekte sind beim Datenschutz zu berücksichtigen".[88]

1.6 Hashrate – eine bedeutende Bitcoin-Mining-Kennzahl

Bei dem Thema Kryptowährungen tauchen immer wieder Begriffe auf, die außerhalb des Systems nicht sehr bekannt sind. Die *Hashrate* ist eine wichtige Kennzahl für das Mining von Kryptowährungen und somit für Blockchains, die mit dem Konsensmechanismus Proof of Work laufen[89] oder mit anderen Worten ausgedrückt, die auf diesem Verfahren basieren. Die Kennzahl ist bedeutend für die Stärke einer Blockchain.

---

85 Stephan Augsten – Dev Insider – Was bedeutet Implementierung? https://www.dev-insider.de/was-bedeutet-implementierung-a-903068/ – abgerufen 10.10.2024.

86 Vgl. IP Insider – Was ist ein Netzwerk-Protokoll? https://www.ip-insider.de/was-ist-ein-netzwerk-protokoll-a-711459/ – abgerufen am 10.10.2024.

87 Vgl. Bundesministerium für Wirtschaft und Energie – Blockchain-Strategie der Bundesregierung, https://www.bmwk.de/Redaktion/DE/Publikationen/Digitale-Welt/blockchain-strategie.pdf?__blob=publicationFile&;v=8 – abgerufen am 10.10.2024.

88 Unit m – Blockchain – Eine Erklärung für Entscheider, https://www.b2btalks.de/blockchain-eine-erklaerung-fuer-entscheider/ – abgerufen am 10.10.2024.

89 Vgl. Bitcoin2Go – Hashrate, https://bitcoin-2go.de/wiki/hashrate/ – abgerufen am 27.01.2023.

Der Begriff Hashrate stammt aus dem Mining von Kryptowährungen[90], während die Bezeichnung *Hash* aus dem Bereich der Mathematik stammt und sich vom englischen Verb *to hash* ableitet, das übersetzt so viel wie „zerhacken" oder „kleinschneiden" bedeutet.[91]

Das genannte Mining wird dagegen als ein Prozess verstanden, bei dem der Miner eine Kryptowährung wie z. B. den Bitcoin „erstellt".[92] Alle Miner haben dasselbe Ziel: Jeder möchte den nächsten Block in der Blockchain finden. Um Bitcoins zu schürfen, muss der Computer oder eine Grafikkarte viele komplexe Rechenaufgaben erledigen. Diese werden „Hash" genannt.

Mit der Hashrate gibt man die Rate an Rechenaufgaben an, die eine Mining-Hardware innerhalb einer bestimmten Zeit, z. B. einer Sekunde, lösen kann, um so einen neuen Block von Transaktionen erstellen zu können, der dann der Blockchain hinzugefügt wird.[93] Demnach drückt die Hashrate aus, wie schnell neue Blöcke erschaffen werden. Je mehr Blöcke erstellt werden, desto höher fällt die Belohnung für den Miner aus (Block Reward).[94]

Was genau macht eine Grafikkarte?
Eine **Grafikkarte** beeinflusst in Kombination mit dem Prozessor und entsprechender Software die Qualität der Bildschirmanzeige eines Computers. Es gibt viele verschiedene Arten von Grafikkarten auf dem Markt. Die zwei Haupttypen sind integrierte und dedizierte Grafikkarten. Während die integrierte Grafikkarte sich Ressourcen vom

90 Vgl. Jens Kerkmann – Blockchainwelt – Was ist die Hashrate? – Komplette Übersicht und Erklärung, https://blockchainwelt.de/hashrate-bitcoin-mining/ – abgerufen am 10.10.2024.

91 BASIC Thinking – Was ist die Hashrate und was bedeutet sie für das Krypto-Mining? https://www.basicthinking.de/blog/2021/07/28/hashrate-kryptowaehrungen-erklaert/ – abgerufen am 10.10.2024.

92 Asmus Kamchen, Koch Wermke – Was ist Mining und wie wird diese Tätigkeit besteuert? https://ihre-mittelstandsberater.de/kryptonews-besteuerung-von-mining/ – abgerufen am 10.10.2024.

93 Vgl. Jens Kerkmann - Blockchainwelt – Was ist die Hashrate? – Komplette Übersicht und Erklärung, https://blockchainwelt.de/hashrate-bitcoin-mining/ – abgerufen am 10.10.2024.

94 BTC Echo - Bitcoin Mining, https://www.btc-echo.de/academy/bibliothek/was-ist-bitcoin-mining/ – abgerufen am 10.10.2024.

Rest des Systems leiht, nutzen dedizierte Grafikkarten ausschließlich ihre eigene Hardware.[95]

Bei der oben beschriebenen Hashrate handelt es sich danach um ein Maß (Maßeinheit) für die Rechenleistung eines Blockchain-Netzwerks, einer Gruppe oder einer Einzelperson. Sie wird verwendet, um die Mining-Schwierigkeit eines Blockchain-Netzwerks zu bestimmen und kann als Sicherheitsindikator verwendet werden.[96].

> „Dabei wird die Bezeichnung sowohl zur Bezifferung der Leistungsfähigkeit eines Computers, aber auch zur Geschwindigkeitsangabe der Datenverarbeitung im Blockchain-Netzwerk verwendet."[97]

Je mehr Rechenleistung ein Miner also bereitstellt, desto höher ist die Wahrscheinlichkeit, dass er die richtige Lösung der Rechenaufgabe am schnellsten finden kann. Je mehr Miner sich in einem Netzwerk zusammenschließen, desto höher ist die Leistungsfähigkeit der Blockchain bzw. die Hashrate.[98]

> „Das ist auch der Grund, weshalb mittlerweile ausschließlich Grafikkarten zum Mining verwendet werden, da diese eine höhere Rechenleistung haben."[99]

Der Mining-Hashrate fällt ein entscheidender Sicherheitsaspekt des gesamten Netzwerksystems zu. Je größer die Rechenleistung (Hashpower) eines Angreifers im Vergleich mit anderen Rechnern des Netzwerkes ist, desto größer sind die Erfolgschancen eines Angriffes. Besitzt dieser mindestens 51 % der Rechenleistung im System, so hat er die Möglichkeit, dieses anzu-

95 Vgl. Datascientest - GPU und Data Science: Wo ist der Zusammenhang? https://datascientest.com/de/gpu-data-science#:~:text=Es%20gibt%20zwei%20Haupttypen%20von,Komponenten%20mit%20L%C3%BCftern%20zur%20K%C3%BChlung – abgerufen am 10.10.2024.

96 Vgl. Coinbase - Was ist die Hash-Rate? https://www.coinbase.com/de/learn/crypto-glossary/what-is-hash-rate#:~:text=Die%20Hash%2DRate%20ist%20ein,kann%20als%20Sicherheitsindikator%20verwendet%20werden – abgerufen am 10.10.2024.

97 Vgl. Jens Kerkmann - Blockchainwelt – Was ist die Hashrate? – Komplette Übersicht und Erklärung, https://blockchainwelt.de/hashrate-bitcoin-mining/ – abgerufen am 10.10.2024.

98 BASIC Thinking – Was ist die Hashrate und was bedeutet sie für das Krypto-Mining? https://www.basicthinking.de/blog/2021/07/28/hashrate-kryptowaehrungen-erklaert/ – abgerufen am 10.10.2024.

99 Martin Large – all-electronics – So funktioniert die Blockchain, https://www.all-electronics.de/automatisierung/so-funktioniert-die-blockchain-885.html – abgerufen am 10.10.2024.

greifen. Eine höhere Hashrate erschwert also einen Angriff.[100] Mit anderen Worten: Je mehr Hashpower (Rechenleistung) im Netzwerk existiert, desto größer ist die Systemsicherheit, da der Widerstand gegen Angriffe maximal ist.[101]

Nun wissen wir: Für das erfolgreiche Lösen der Rechenaufgabe erhält der Miner eine Blockprämie (Block Reward) in der jeweiligen Kryptowährung, wie z. B. Bitcoins im Bitcoin-Netzwerk. Je mehr Rechenaufgaben gelöst werden, desto mehr Bitcoins erhält der Miner. Entsprechend bedeutet eine hohe Hashrate eine höhere Effektivität beim Mining der Bitcoins.[102] Die betreffende Hashrate wird in der Einheit Hash pro Sekunde (H/s) angegeben.

Bei der Bemessung der Hashrate gelten auch für sie die im technischen Bereich gängigen Umrechnungen.[103] Dabei wird sie hochgezählt wie Bytes:[104]

- H/s entspricht einem Hash pro Sekunde.
- kH/s (Kilo-Hash) entspricht 1.000 Hashes pro Sekunde.
- MH/s (Mega-Hash) entspricht einer Million Hashes pro Sekunde.
- GH/s (Giga-Hash) entspricht einer Milliarde Hashes pro Sekunde.
- TH/s (Tera-Hash) entspricht einer Billion Hashes pro Sekunde.
- PH/s (Peta-Hash) entspricht einer Trillion Hashes pro Sekunde.
- EH/s (Exa-Hash) entspricht einer Trilliarde Hashes pro Sekunde usw.

> Die Hashrate des Bitcoin-Netzwerks bzw. die Bitcoin-Hashrate (Gesamtrechenleistung, die mit dem Bitcoin-Netzwerk verbunden ist) stieg am 26. Januar 2023 auf 305 Exahashes pro Sekunde (EH/s), zum Zeit-

100 Vgl. Marius Lehne – Ökonometrie der Bitcoinzeitreihen, https://www.wi.uni-muenster.de/sites/wi/files/public/department/itsecurity/mbc13/mbc13-lehne-presentation.pdf – abgerufen am 10.10.2024.

101 Vgl. Jens Kerkmann – Blockchainwelt – Was ist die Hashrate? – Komplette Übersicht und Erklärung, https://blockchainwelt.de/hashrate-bitcoin-mining/ – abgerufen am 10.10.2024.

102 Vgl. Computerbild – Was sind Hashes eigentlich? Die Hashrate für Miner erklärt, https://www.computerbild.de/artikel/cb-Tipps-PC-Hardware-Was-sind-Hashes-Hashrate-fuer-Miner-erklaert-29906171.html – abgerufen am 10.10.2024.

103 Vgl. Jens Kerkmann - Blockchainwelt – Was ist die Hashrate? Komplette Übersicht und Erklärung, https://blockchainwelt.de/hashrate-bitcoin-mining/ – abgerufen am 10.10.2024.

104 BTC Echo – Hashrate, https://www.btc-echo.de/academy/bibliothek/hash-rate/ – abgerufen am 10.10.2024.

> punkt der Verfassung dieses Artikels ein Allzeithoch.[105] Zum Vergleich: Die Hashrate des Ethereum Netzwerks beträgt aktuell 1,04 Petahashes pro Sekunde (PH/s) (Artikel vom 18.12.2022).[106]

Die Hashrate wächst nur noch, wenn sich neue Miner anschließen. Dann wird es umso schwieriger, einen neuen Block für die Blockchain zu erzeugen. In der Regel sehen die Protokolle der Kryptowährungen bereits bestimmte Zeiten vor, die für das *Hashing* eines neuen Blocks benötigt werden. Auch die Schwierigkeit und die Blockprämie zur Generierung eines neuen Blocks sind häufig bereits festgelegt.

Problematisch wird es nur, wenn sich kurzfristig eine Vielzahl neuer Miner dem Netzwerk anschließen. Demnach würde sehr schnell die Hashrate eines Netzwerks ansteigen und neue Blöcke könnten in der Theorie deutlich schneller und unkontrolliert geschürft werden. Um einem solchen Effekt entgegenzuwirken, haben die Entwickler eine wechselseitige Beziehung zwischen der Hashrate und dem Schwierigkeitsgrad in den Protokollen einbezogen: Steigt die Anzahl der Miner im Netzwerk, erhöht sich parallel der ebenfalls steigenden Hashrate auch die Schwierigkeit und die Zeit, um einen neuen Block zu schürfen. Dadurch soll eine gleichbleibend konstante Mining-Zeit erreicht werden.[107]

Je mehr sich also am Krypto-Mining von Bitcoin und anderen Kryptowährungen beteiligen, desto schwieriger werden die Rätsel bzw. Aufgaben, die es mathematisch zu lösen gilt.[108] Umgekehrt: Gibt es weniger Miner und sinkt die Rechenleistung, dann verringert sich auch der Schwierigkeitsgrad der Aufgaben.[109]

---

105 Vgl. Patrick Eberle – Coin Update – Bitcoins Hash-Rate erreicht neue Höchststände, droht ein Ausverkauf? https://coin-update.de/bitcoins-hash-rate-erreicht-neue-hoechststaende-droht-ein-ausverkauf/ – abgerufen am 10.10.2024.

106 Vgl. David Seubert – Krypto Guru – Grafikkarten für Krypto Mining im Jahr 2024, https://krypto-guru.de/ratgeber/grafikkarten-krypto-mining/ – abgerufen am 10.10.2024.

107 Vgl. Jens Kerkmann - Blockchainwelt – Was ist die Hashrate? Komplette Übersicht und Erklärung, https://blockchainwelt.de/hashrate-bitcoin-mining/ – abgerufen am 10.10.2024.

108 BASIC Thinking – Was ist die Hashrate und was bedeutet sie für das Krypto-Mining? https://www.basicthinking.de/blog/2021/07/28/hashrate-kryptowaehrungen-erklaert/ – abgerufen am 10.10.2024.

109 Futurezone – Mining: So funktioniert das Schürfen nach Bitcoin, https://futurezone.at/digital-life/mining-so-funktioniert-das-schuerfen-nach-bitcoin/400002913 – abgerufen am 10.10.2024.

Die Bestimmung des Schwierigkeitsgrades, die also je nach bei Bedarf reduziert oder erhöht wird,[110] bezeichnet man auch als **Mining Difficulty**.

> Der Schwierigkeitsgrad des letzten Blocks lag zum Zeitpunkt als der Artikel am 29.12.2022 verfasst wurde bei etwa 6.061.518.831.027. D. h., die Chance, dass ein Computer einen Hash unter dem Ziel erzeugt, ist 1 zu 6.061.518.831,- weniger als 1 von 6 Billionen.[111]

Obwohl mehr Leistung also nicht automatisch zu höheren Mining-Erträgen führt, sind eine hohe Hashrate und das Zusammenschließen mit einem zuvor angedeuteten Mining Pool dennoch aussichtsreich. Schließlich steigt mit der Rechenleistung auch die Anzahl der gelösten Rechenaufgaben in der vorhandenen Zeit.[112] Arbeiten beispielsweise eine Vielzahl von Miner an einem Block, bekommt derjenige mit der höchsten Hashrate und den meisten Berechnungen auch den größten Anteil an der ausgeschütteten Blockprämie.[113] Entsprechend ist die Geschwindigkeit ein entscheidender wirtschaftlicher Faktor.

Unter Berücksichtigung dieses Fakts wird die hohe Bedeutung der Hashpower bei der Erschließung neuer Blöcke noch einmal deutlich. Personen, die beim Krypto-Mining auf eine Proof-of-Work-Blockchain setzen, sollten daher über einen hochleistungsfähigen Rechner verfügen. Hier kann die Hashrate dabei helfen, den Ertrag zu vereinfachen, da sie die Wahrscheinlichkeit unter Umständen erhöhen kann, die komplexen mathematischen Rechenaufgaben[114] erfolgreich zu lösen. Dies ist ja nun bekanntermaßen ein wichtiges Kriterium für das Proof-of-Work-Verfahren.

---

110 Bitpanda – Konsens-Algorithmen: Proof of Work, https://www.bitpanda.com/academy/de/lektionen/konsens-algorithmen-proof-of-work/ – abgerufen am 10.10.2024.

111 Vgl. Rüdiger Maaß – Nextmarkets – Wie funktioniert Bitcoin-Mining? https://www.nextmarkets.com/de/handel/krypto/bitcoin/mining#:~:text=Transaktionen%20im%20Gesch%C3%A4ft%20und%20online,namens%20%E2%80%9EBlockchain%E2%80%9C%20hinzugef%C3%BCgt%20werden – abgerufen am 10.10.2024.

112 BASIC Thinking – Was ist die Hashrate und was bedeutet sie für das Krypto-Mining? https://www.basicthinking.de/blog/2021/07/28/hashrate-kryptowaehrungen-erklaert/ – abgerufen am 10.10.2024.

113 Vgl. Jens Kerkmann - Blockchainwelt – Was ist die Hashrate? Komplette Übersicht und Erklärung, https://blockchainwelt.de/hashrate-bitcoin-mining/ – abgerufen am 10.10.2024.

114 Vgl. Rüdiger Maaß - Nextmarkets – Wie funktioniert Bitcoin-Mining? https://www.nextmarkets.com/de/handel/krypto/bitcoin/mining#:~:text=Transaktionen%20im%2

Doch nicht jede Hardware ist gleich gut für das Krypto-Mining geeignet. Um diese Eignung zu testen, wurde die Hashrate erfunden. Mit ihr können verschiedene Modelle verglichen werden.[115]

Summa summarum kann festgehalten werden, dass der Prozess des Minings eine hohe Rechenleistung erfordert. Dabei sollte aber auch mit einbezogen werden, dass bei einer höheren Hashpower mit steigender Rechenleistung auch der Stromverbrauch steigt, um die Aufgaben zu lösen. Die Stromkosten stellen somit einen wesentlichen Teil der Ausgaben der Miner dar. Entsprechend geht es beim Mining vor allem um Effizienz. Das Thema Wirtschaftlichkeit bzw. Rentabilität wird an späterer Stelle behandelt.

1.7 Hashwert und Hashfunktion

Wie nun bekannt ist: Jedes Mal, wenn eine Transaktion in einer Blockchain ausgeführt wird, werden die Transaktionsdaten in einem neuen Block gespeichert. Dieser neue Block wird dann zur Blockchain hinzugefügt. Bevor der Block jedoch der Kette hinzugefügt werden kann, müssen die darin enthaltenen Informationen vom Netzwerk überprüft werden. Dies geschieht durch Erstellen eines *Hash*.[116]

Technisch gesehen läuft die Überprüfung im Falle von Bitcoin vereinfacht wiedergegeben wie folgt ab: Spezielle Netzwerkknoten (Miner) verifizieren (Transaktionsüberprüfung), die im Netzwerk getätigten Transaktionsblöcke mithilfe des bereits dargelegten Konsensmodells Proof of Work (Verifizierungsprozess). Nach dem Lösen eines komplexen mathematischen Rätsels erhält der Miner einen neuen individuellen Hashwert eines Blocks.[117]

Oder genauer gesagt: Wer die Gleichung löst, erzeugt einen Hashwert, mit dem die Transaktion validiert werden kann. Sobald ein Miner eine Rechen-

---

0Gesch%C3%A4ft%20und%20online,namens%20%E2%80%9EBlockchain%E2%80%9C%20hinzugef%C3%BCgt%20werden. – abgerufen am 10.10.2024.

115 Vgl. Computerbild – Was sind Hashes eigentlich? Die Hashrate für Miner erklärt, https://www.computerbild.de/artikel/cb-Tipps-PC-Hardware-Was-sind-Hashes-Hashrate-fuer-Miner-erklaert-29906171.html – abgerufen am 10.10.2024.

116 Vgl. Ultima - Was ist Proof of Stake und wie funktioniert dieser Algorithmus? https://blog.ultima.io/de/was-ist-proof-of-stake/ – abgerufen am 10.10.2024.

117 Vgl. BASIC Thinking – Krypto-Buzzwords unchained: Was ist ein Konsensmodell und welche gibt es? https://www.basicthinking.de/blog/2021/06/11/konsesmodell-kryptowaehrung-erklaerung/ – abgerufen am 10.10.2024.

aufgabe löst, wird das gesamte Netzwerk benachrichtigt. Diesen besagten Hashwert erhalten dann alle Teilnehmer im entsprechenden Netzwerk zur Überprüfung. Die anderen Nodes (Netzwerkknoten oder Netzknoten) überprüfen darauf die Lösung auf ihre Richtigkeit (Proof of Work „Arbeitsnachweis“).[118] Um zudem die Validierung eines Blocks abzuschließen, ist die Zustimmung aller Teilnehmer notwendig.

Ist der Wert korrekt, wird der neue Block validiert und an die Blockchain angehängt. Und wir wissen bereits: Das Lösen dieses Rätsels und das Erstellen eines neuen Hashes wird als Mining bezeichnet. Dafür erhält der Miner, der die Aufgabe gelöst hat, dann entsprechend den bereits oft genannten Block Reward.

Für den Fall, dass man sich einem Mining Pool angeschlossen hat, wird entsprechend ein Bruchteil der digitalen Bitcoins gezahlt.[119] Durch die Einbeziehung aller Teilnehmer in den Prozess wird so das System vor Betrügern geschützt.

Was ist mit Verifizierung gemeint?
Sowohl bei der **Validierung** als auch bei der **Verifizierung** dreht es sich um ein Prüfverfahren. Verifizierung oder Verifikation (von lateinisch *veritas* „Wahrheit“ und *facere* „machen“) ist der Nachweis darüber, dass ein vermuteter oder behaupteter Sachverhalt wahr ist. Die Validierung folgt auf die Verifizierung. Das bedeutet, ist die Verifizierung abgeschlossen, kann mit der Validierung begonnen werden.[120]

Weiter zum Thema Hashwert: Bei einem Hashwert handelt es sich auch um eine Art von Prüfnummern für die entsprechend getätigten Transakti-

118 Vgl. Bitpanda – Was ist Bitcoin-Mining und wie funktioniert es? https://www.bitpanda.com/academy/de/lektionen/was-ist-bitcoin-mining-und-wie-funktioniert-es/ – abgerufen am 10.10.2024.

119 Vgl. Wissen – Die Grundlagen der Blockchain-Techologie, https://www.wissen.de/die-grundlagen-der-blockchain-technologie – abgerufen am 10.10.2024.

120 Magnus Lindemann - Chip – Verifizierung und Validierung – Der Unterschied einfach erklärt, https://praxistipps.chip.de/verifizierung-und-validierung-der-unterschied-einfach-erklaert_116724 – abgerufen am 10.10.2024.

onen. Dieser besteht aus einer Zahl-Buchstaben-Kombination[121] der beliebig viele Informationen der Transaktion enthält.[122] Die Prüfnummer enthält wiederum die einzelnen Hashwerte der aktuellen Transaktion sowie die Hashwerte der jeweils vorangegangenen Transaktion, woraus dann eine Blockkette, also die Blockchain, entsteht.[123]

Eine Manipulation der Transaktionen ist Dank dieses Verfahrens unwahrscheinlich, da eine nachträgliche Veränderung innerhalb der Kette nicht nur herausstechen würde, sondern gar nicht erst möglich ist. Denn würde man auch nur einen Wert manipulieren, würde der darauffolgende Wert ebenfalls von der eigentlichen Reihenfolge abweichen.[124]

Als Vergleich kann man sich ein Kartenhaus vorstellen, das immer mehr an Höhe gewinnt. Die Anzahl der Transaktionen erhöht die Zahl der Blöcke in einer Blockchain. Die Balance stellen das verwendete Netzwerk und die implementierten Regeln sicher. Beim Kartenhaus wie bei der Blockchain gilt: Je höher und breiter, desto stabiler das Konstrukt. Der Versuch, eine einzelne Karte auszutauschen, sprich im Falle der Blockchain eine Information einer Transaktion zu ändern (beispielsweise aus einem Bitcoin 100 Coins zu machen), hat einen Effekt auf das gesamte Gebilde.[125]

Das bedeutet, ein böswilliger Akteur muss die gesamte Blockchain „hacken", um die gespeicherten Daten zu ändern. Das ist jedoch praktisch unmöglich, weil es zu viel Rechenleistung erfordert.[126]

Für die besagte Generierung eines Hashwertes kann z. B. ein herkömmlicher Computer genutzt werden, der eine kryptographische Funktion, auch „Hashfunktion" (Algorithmus) genannt, ausführt, mit der sich die

---

121 Dr. Datenschutz – Hashwerte und Hashfunktionen einfach erklärt, https://www.dr-datenschutz.de/hashwerte-und-hashfunktionen-einfach-erklaert/ – abgerufen am 10.10.2024.

122 Vgl. David Seubert – Krypto Guru – Was ist Mining? https://krypto-guru.de/mining/ abgerufen am 10.10.2024.

123 Vgl. Daniel Käfer - Adesso – Blockchain, die vermeidbare Energieverschwendung, https://www.adesso.de/de/news/blog/blockchain-die-vermeidbare-energieverschwendung.jsp – abgerufen am 10.10.2024.

124 Vgl. Hornetsecurity – Crypto Mining: Definition und Funktion erklärt, https://www.hornetsecurity.com/de/wissensdatenbank/crypto-mining/ – abgerufen am 10.10.2024.

125 Vgl. Björn Obermeier – Computerwoche – Blockchain vs. Distributed Ledger Wo ist der Unterschied? https://www.computerwoche.de/a/wo-ist-der-unterschied,3550457 – abgerufen am 10.10.2024.

126 Vgl. Blockchain Hero - Blockchain Verifizierung: Wie funktioniert es? https://blockchain-hero.com/blockchain-verifizierung-wie-funktioniert-es/ – abgerufen am 10.10.2024.

Integrität (Zuverlässigkeit) digitaler Daten sicherstellen lässt.[127] Der Hash bzw. der Hashwert stellt hiernach also das Ergebnis dar, das mittels einer Hashfunktion berechnet wurde.

Die Hashfunktion sorgt dafür, dass beim Bitcoin-Mining nicht zwei unterschiedliche Ergebnisse einen identischen Hashwert ergeben können. Der mit einer kryptologischen Hashfunktion erzeugte Hashwert wird oft auch als Fingerabdruck für digitale Daten bezeichnet.[128]

---

127 Vgl. Stefan Luber, Peter Schmitz - Security Insider – Was ist SHA (Secure Hash Algorithm)? https://www.security-insider.de/was-ist-sha-secure-hash-algorithm-a-851098/ – abgerufen am 10.10.2024.

128 BTC Echo – Hash, https://www.btc-echo.de/academy/bibliothek/hash/, – abgerufen am 10.10.2024.

2 Krypto-Mining

Mit der Etablierung von Kryptowährung wurde die Ära eines neuen Zahlungsmittels und somit auch die Geschichte des zuvor erwähnten Krypto-Minings eingeleitet. Dabei ist Bitcoin mit weitem Abstand die bekannteste und gefragteste kryptische Währung. Die Gesamtzahl aller Bitcoin-Transaktionen weltweit ist in den letzten Jahren stetig gestiegen, (Erhebungszeitraum von Februar 2017 bis März 2024)[129] sodass die Käufe und Verkäufe innerhalb des Netzwerks auch verarbeitet werden müssen. Zu einer Bitcoin-Transaktion kommt es, wenn Anleger direkt die Internetwährung kaufen und z. B. auf einer Kryptowährung Handelsplattform wieder verkaufen. Dann werden die Coins von einem Wallet zu einem anderen gesendet.[130] Für diese Transaktionen ist das Bitcoin-Netzwerk auf die Arbeitsleistung der Miner angewiesen.[131]

Kryptowährungen wie Bitcoins können jedoch nicht nur gekauft und verkauft werden, sondern auch selbst hergestellt werden. Doch anders als bei Notenbanken werden Bitcoin Einheiten nicht wie Geldnoten gedruckt, sondern können lediglich durch Rechenleistung digital erzeugt werden.[132]

Das Krypto- oder Bitcoin-Mining beschreibt demnach den Erschaffungsprozess einer Kryptowährung bzw. einer neuen Bitcoin-Einheit.[133]

Die Grundlage für das Krypto-Mining bildet die bereits vermittelte Block chain-Technologie. Auch hierfür sind die Miner zuständig.

---

129 Statista – Gesamtzahl aller Bitcoin-Transaktionen weltweit von Februar 2017 bis März 2024, https://de.statista.com/statistik/daten/studie/315084/umfrage/gesamtzahl-aller-bitcoin-transaktionen-weltweit/#:~:text=Gesamtzahl%20aller%20Bitcoin%2DTransaktionen%20weltweit%20bis%20M%C3%A4rz%202024&text=Bis%20Ende%20M%C3%A4rz%202024%20wurden,Transaktionen%20auf%20rund%20945%20Millionen – abgerufen am 10.10.2024.

130 Vgl. Richard Dobetsberger – Nextmarkets – Bitcoin Transaktion, https://www.nextmarkets.com/de/handel/krypto/bitcoin/transaction – abgerufen am 10.10.2024.

131 Vgl. Rüdiger Maaß - Nextmarkets – Was ist Bitcoin-Mining? https://www.nextmarkets.com/de/handel/krypto/bitcoin/mining#:~:text=Was%20ist%20Bitcoin%20Mining&text=Die%20Nachfrage%20nach%20Bitcoin%20steigt,Systemen%20und%20physischen%20Belegen%20dokumentiert – abgerufen am 10.10.2024.

132 Vgl. Hornetsecurity – Crypto Mining: Definition und Funktion erklärt, https://www.hornetsecurity.com/de/wissensdatenbank/crypto-mining/ – abgerufen am 10.10.2024.

133 Vgl. Jens Kerkmann - Blockchainwelt – Was ist die Hashrate? Komplette Übersicht und Erklärung, https://blockchainwelt.de/hashrate-bitcoin-mining/ – abgerufen am 10.10.2024.

Die von ihnen verwendeten Rechner sind dafür verantwortlich, alle Bitcoin-Transaktionen zu verifizieren, und bekommen im Gegenzug die Gelegenheit, neu erschaffene Bitcoins „abzubauen“.[134] Die neuen Bitcoin-Blöcke werden sodann zur Blockchain hinzugefügt.[135] Um genau zu sein: gespeichert. Alle darin enthaltenen Transaktionen sind sonach dauerhaft in der Blockchain aufgezeichnet.[136]

Bitcoin-Mining verbraucht Unmengen an Strom. So entstehen täglich relativ hohe Stromkosten. Daher müssen Miner (Personen mit Rechner bzw. mit ihrer Rechenleistung) dazu angeregt werden, neue Blöcke abzubauen. Dieser Anreiz wird als der bereits erwähnte „Block Reward“ oder auch „Mining Reward“ bezeichnet und wird normalerweise in der Kryptowährung des entsprechenden Blockchain-Netzwerks bezahlt.[137]

Wir wissen nun, dass Miner den Arbeitsnachweis erbringen, der notwendig ist, damit Transaktionen verifiziert und neue Bitcoin-Blöcke zur Blockchain hinzugefügt werden. Für das erfolgreiche Anfügen eines Blocks an die Blockchain erhält der Miner den besagten Block Reward. Das Schürfen kann demnach rentabel sein. Deshalb gibt es mehr als nur einen Miner in einem Blockchain-Netzwerk. Miner wetteifern darum, neue Bitcoin-Blöcke zu finden, der Blockchain hinzuzufügen und zu „versiegeln“.[138] Letztlich konkurrieren sie um den Mining Reward.

Ohne Miner gäbe es keine neuen Blöcke. Infolgedessen würde die Blockchain nicht funktionsfähig sein und ohne diese Leistung könnte das Bitcoin-Netzwerk nicht funktionieren.[139] Entsprechend sind Miner der

---

134 Vgl. IG – Was ist Bitcoin-Mining und ist es profitabel? https://www.ig.com/de/trading-strategien/was-ist-bitcoin-mining-und-ist-es-profitabel-190123 – abgerufen am 10.10.2024.

135 Vgl. Hitesh Sant – Geekflare - So starten Sie als Anfänger mit dem Krypto-Mining, https://geekflare-com.translate.goog/cryptocurrency-mining-for-beginners/?_x_tr_sl=en&_x_tr_tl=de&_x_tr_hl=de&_x_tr_pto=sc – abgerufen am 10.10.2024.

136 Vgl. Phemex – Was ist Bitcoin-Transaktion: Komponenten, Verifizierung und Datenschutz, https://phemex.com/de/academy/was-ist-bitcoin-transaktion-komponenten-verifizierung-und-datenschutz – abgerufen am 10.10.2024.

137 Vgl. Blockchain Hero - Blockchain Verifizierung: Wie funktioniert es? https://blockchain-hero.com/blockchain-verifizierung-wie-funktioniert-es/ – abgerufen am 10.10.2024.

138 Martin Schwarz - Coincierge – Bitcoin kaufen in unter 10 Minuten inkl. Anleitung, Anbieter & Tipps, https://coincierge.de/bitcoin-kaufen-in-unter-10-minuten-inkl-anleitung-bitcoin-rechner-tipps/ – abgerufen am 10.10.2024.

139 Coinbase - Das Bitcoin-Halving erklärt, https://www.coinbase.com/de/bitcoin-halving#:~:text=Das%20Bitcoin%2DHalving%20erkl%C3%A4rt&text=Dies%20wird%20als%20Halving%2DTag,erneut%20sinken%2C%20diesmal%20auf%203%2C125 – abgerufen am 10.10.2024.

wichtigste Teil jeder Krypto-Community, da sie nicht nur Transaktionen verifizieren, sondern auch dafür zuständig sind, neue Kryptowährungen wie z. B. Bitcoins zu generieren und auf diese Weise in Umlauf zu bringen.[140]

Einem Miner stehen mehrere Möglichkeiten zum Schürfen zur Verfügung. Dazu zählen das Solo Mining, das Cloud Mining sowie das Pool Mining, die nachstehend ausführlich wiedergegeben werden.

2.1 Solo Mining

Unter dem Begriff Solo Mining wird das alleinige Schürfen von Coins nur mit der eigenen Computerhardware, d. h. ohne die Mithilfe anderer Miner verstanden. Wir wissen bereits, dass unter Miner jene Computerbesitzer verstanden werden, die dem Netzwerk einer Kryptowährung, die auf einer Proof-of-Work-Methode basiert, die Rechenleistung ihrer Computer zur Verfügung stellen, um komplexe mathematische Aufgaben zu lösen.[141] Bei diesem Vorgang wird die Transaktion durch einen Miner verifiziert, ein neuer Block generiert und letztlich zur Blockchain hinzugefügt.[142]

Diese Arbeit ist mit Zeit und Kosten verbunden, dazu fallen Kosten für die Hardware sowie Stromkosten. Für diese Anstrengung werden die erfolgreichen Miner mit Währungseinheiten entlohnt. Beim Solo Mining erhält der Miner einen hohen Betrag, wenn es ihm denn gelingt, einen neuen Block alleine zu generieren.[143] Um das Mining von Kryptowährungen auch effizient betreiben zu können, stellt sich die Frage nach der geeigneten Computerhardware (Mining-Hardware) und der Mining-Software.

---

140 Guneet Kaur - Cointelegraph – Wie mint man Bitcoin Cash? https://de.cointelegraph.com/learn/how-to-mine-bitcoin-cash – abgerufen am 10.10.2024.

141 Vgl. Daniel Wenz – Finanzwissen - Was ist Bitcoin? Erklärung und Definition zur Kryptowährung, https://finanzwissen.de/kryptowaehrungen/bitcoin/ – abgerufen am 10.10.2024.

142 Vgl. Phemex – Was ist Bitcoin-Transaktion: Komponenten, Verifizierung und Datenschutz, https://phemex.com/de/academy/was-ist-bitcoin-transaktion-komponenten-verifizierung-und-datenschutz – abgerufen am 10.10.2024.

143 Dr. Johannes Christoph - Hardware Mining – Alles über Mining-Software, https://hardware-mining.de/alles-ueber-mining-software-deutsch/ – abgerufen am 10.10.2024.

Mining-Hardware

Die Effizienz des Ertrages beim Mining hängt sehr von der Qualität der richtigen Ausrüstung, genauer gesagt von der Mining-Hardware, ab. Insgesamt gesehen, kann gesagt werden, dass das Schürfen um so erfolgreicher ist, je mehr Rechenleistung man zur Verfügung hat.[144]

Zur Auswahl der Mining-Hardware stehen entweder ein so genannter ASIC Miner (ASIC Mining) oder eine leistungsstarke Grafikkarte (so genanntes GPU Mining). Zu Beginn wurden auch CPUs genutzt (CPU Mining), jedoch bieten sie nicht die notwendige Hashpower, welche die Bitcoin-Mining-Hardware generell mitbringen sollte.[145] Im Anschluss werden die drei erwähnten Mining-Hardware-Optionen vorgestellt.

CPU Mining

Bis zum Jahr 2013 wurden für das Mining in der Regel private Computer verwendet, bevor neue Bitcoin-Mining-Software eingeführt wurde.[146] Das CPU Mining beinhaltet die Verwendung von handelsüblichen Computern oder genauer ausgedrückt: Teilnehmer im Bitcoin-Netzwerk minen über ihre CPUs in ihrem Computer.

Die CPU (Central Processing Unit) wird oft auch als Hauptprozessor bezeichnet. Hierbei handelt es sich um das Herzstück eines Computers. Ohne CPU kann der PC (Personal Computer) nicht arbeiten, da der Prozessor für alle Berechnungen und den Datenaustausch zwischen Speicher und den Komponenten verantwortlich ist.[147] Aufgrund der begrenzten Rechenleistung und Geschwindigkeit verbraucht das CPU Mining allerdings sehr viel Strom und ist im Gegensatz zu spezialisierter Hardware deutlich langsamer.[148] Gleichwohl hat die CPU die Fähigkeit, verschiedene Coins wie

---

144 Dr. Johannes Christoph - Hardware-Mining – Dein Infoportal für Mining-Hardware, https://hardware-mining.de/ – abgerufen am 10.10.2024.

145 Vgl. Coin Kurier – Blockchain Mining: So funktioniert das Schürfen von Kryptowährungen, https://coinkurier.de/blockchain-mining-so-funktioniert-das-schuerfen-von-kryptowaehrungen/ – abgerufen am 10.10.2024.

146 Vgl. Finanzen – Zahlreiche Einflussfaktoren: Ist Bitcoin-Mining überhaupt noch profitabel? https://www.finanzen.ch/nachrichten/devisen/zahlreiche-einflussfaktoren-ist-bitcoin-mining-ueberhaupt-noch-profitabel-1031060737 – abgerufen am 10.10.2024.

147 Caseking – CPU, https://www.caseking.de/glossar/c/cpu – abgerufen am 6.02.2022.

148 Vgl. Max Moeller - Beincrypto - Der ultimative Guide für das CPU-Mining, https://de.beincrypto.com/lernen/der-ultimative-guide-fuer-das-cpu-mining/ – abgerufen am 10.10.2024.

Zcash, Nexus, Hold Coin oder Reicoin zu schürfen.[149] Hierbei gilt, je mehr „Cores" ein Prozessor hat, desto effizienter wird das Mining.[150]

Ein Rechenkern bzw. ein Prozessorkern (Core) ist wiederum der zentrale Teil eines Rechenwerks (CPU). In der Regel besteht heute eine CPU aus mehreren Rechenkernen in Form von Mehrkern-Prozessoren in einem einzigen Chip.[151]

Was ist ein Prozessor? Was ist ein Chip?
In jedem Rechner taktet ein **Prozessor**, der Schritt für Schritt die ihm zugewiesenen Aufgaben verarbeitet. **Chips** oder Mikrochips sind dagegen die zentralen Bausteine aller digitalen Geräte. Sie bestehen aus einem Halbleitermaterial, in das komplexe elektrische Schaltkreise eingeschrieben sind.

Das Bitcoin-Mining ist zwar nach wie vor auch mit älterer Hardware möglich, allerdings aufgrund des Zeitnachteils nicht erfolgreich und profitabel. Damit sind auch Investitionen für die Anschaffung neuer Hardware für den Erfolg notwendig.[152]

ASIC Mining

Bitcoin gibt es als Protokoll seit 2008. Im Jahr 2009 wurden dann die ersten Coins generiert. Seither hat sich auch die Hardware rund um das Mining drastisch verbessert. Mittlerweile gibt es sogar Unternehmen, die sich auf die Produktion von Bitcoin-Mining-Hardware spezialisiert haben. Eine Erfindung im Bitcoin-Mining sind die ASICs. Ein ASIC (Application Specific

---

149 Vgl. Cointopper - Unterschied zwischen ASIC-, GPU- und CPU-Mining, https://cointopper-com.translate.goog/difference-between-asic-gpu-and-cpu-mining?_x_tr_sl=en&_x_tr_tl=de&_x_tr_hl=de&_x_tr_pto=sc&_x_tr_hist=true – abgerufen am 10.10.2024.

150 Vgl. Max Moeller – Beincrypto – Der ultimative Guide für das CPU-Mining, https://de.beincrypto.com/lernen/der-ultimative-guide-fuer-das-cpu-mining/ - abgerufen am 10.10.2024.

151 Vgl. Otto Geißler, Ulrike Ostler – Datencenter Insider - Was ist ein Rechenkern (Core)? https://www.datacenter-insider.de/was-ist-ein-rechenkern-core-a-820808/ – abgerufen am 10.10.2024.

152 Vgl. Finanzen – Zahlreiche Einflussfaktoren: Ist Bitcoin-Mining überhaupt noch profitabel? https://www.finanzen.ch/nachrichten/devisen/zahlreiche-einflussfaktoren-ist-bitcoin-mining-ueberhaupt-noch-profitabel-1031060737 – abgerufen am 10.10.2024.

Integrated Circuit) ist eine anwendungsspezifische integrierte Schaltung. Es handelt sich um einen kleinen Chip, der für den alleinigen Zweck des Minings von digitalen Währungen entwickelt wurde. Im Fall der Bitcoin-Mining-Hardware ist diese Aufgabe das zuvor erläuterte Hashen.[153]

ASICs leisten ihre Aufgabe besonders schnell und effizient, sind aber für keine anderen Aufgaben zu gebrauchen. Im Vergleich zu den beiden Hardwares (CPU Mining und GPU Mining) haben ASICs einen relativ niedrigen Energieverbrauch in Relation zur Hashrate.

> Zum Vergleich: Diese anwendungsspezifischen integrierten Schaltkreise (ASIC Chips) sind bis zu 100 Milliarden Mal leistungsfähiger als ältere PCs.

Gleichwohl sind die Anschaffungskosten sehr hoch bzw. das Investment in ASICs ist bedeutend höher als in GPUs. Da die Preise jedoch auch schwanken, sollte die Investitionsentscheidung zwischen ASICs einerseits und GPUs andererseits kontinuierlich überprüft werden.

Da ASIC Miner anwendungsspezifisch sind, kann ein Litecoin ASIC auch nur diese Kryptowährung schürfen. Dadurch haben ASICs einen niedrigen Wiederverkaufswert. Zudem haben sie eine kurze Lebensdauer und sind nicht aktualisierbar.[154] Gleichwohl sind ASICs die effizientesten Miner, was Rechenleistung und Stromkosten anbelangt.

Wer ohne spezielle Mining-Hardware schürfen will, benötigt entsprechend einen Rechner mit extrem guter Grafikkarte (GPU) bzw. einem starken Prozessor.[155]

---

153 BTC Echo – Hash, https://www.btc-echo.de/academy/bibliothek/hash/ – abgerufen am 10.10.2024.

154 Vgl. Cointopper - Unterschied zwischen ASIC-, GPU- und CPU-Mining, https://cointopper-com.translate.goog/difference-between-asic-gpu-and-cpu-mining?_x_tr_sl=en&_x_tr_tl=de&_x_tr_hl=de&_x_tr_pto=sc&_x_tr_hist=true – abgerufen am 10.10.2024.

155 Vgl. Ionos – Cryptomining: Bedeutung, Funktion und Gefahren, https://www.ionos.de/digitalguide/server/knowhow/cryptomining/#:~:text=Das%20Cryptomining%20bezeichnet%20das%20%E2%80%9EAbsch%C3%BCrfen,Abrechnung%20von%20Kryptos%20zu%20garantieren – abgerufen am 10.10.2024.

GPU Mining

Andere Kryptowährungen wie z. B. Ethereum setzen nicht nur auf die Rechenleistung, sondern sind sehr datenintensiv und benötigen daher schnelle Speicherleistungen. ASIC-Chips sind aufgrund ihrer geringen Speicherkapazität beispielsweise für Ethereum nicht die erste Wahl. Hier eignen sich Grafikkarten oder genauer gesagt ein Grafikkartenprozessor (oder mehrere), der sich i. d. R. auf einer Grafikkarte befindet, weitaus besser. Grafikkartenprozessoren sind schnell und haben genügend Speicher verbaut.[156] Beim GPU Mining werden Computer mit solch einer leistungsstarken Grafikkarte eingesetzt (Graphic Processing Units „GPU").[157]

Wie wir nun wissen, sorgt eine Grafikkarte für die Erstellung farbiger Grafiken auf dem Monitor eines Computers. Sie wurden ursprünglich entwickelt, um für Spiele und Videoanwendungen die optimale Rechenleistung zu bieten.[158] Mit der verbesserten Leistung des GPU Minings wurde das zuvor erwähnte CPU Mining gleichsam entbehrlich.

GPU ist sehr gut darin, komplexe Berechnungen durchzuführen. Damit erfüllt es eine gute Bedingung, effizient zu minen beziehungsweise das Lösen der mathematischen Rechenaufgaben zu beschleunigen und den nächsten Block zu verifizieren, stets mit dem angestrebten Ziel den Block Reward zu erhalten.

Wie sieht es indessen mit der Kosten-Nutzen-Relation bei der GPU Mining-Variante aus?

- Aufgrund der hohen Nachfrage hat GPU auch einen hohen Wiederverkaufswert.
- Die hohe Leistungsaufnahme beim GPU Mining führt jedoch zu einem hohen Stromverbrauch.

---

156 Markus Kramer – Cryptomonday – Bitcoin-Mining: Wie funktioniert es? Lohnt sich BTC-Mining? Alles was ihr wissen müsst! https://cryptomonday.de/news/2020/01/17/bitcoin-mining-wie-funktioniert-es-lohnt-sich-btc-mining-alles-was-ihr-wissen-muesst/ – abgerufen am 10.10.2024.

157 Philipp Rall – Futurezone – Vergleich: Fünf Grafikkarten fürs Mining, https://www.futurezone.de/produkte/deals/article232663181/vergleich-fuenf-grafikkarten-fuers-mining.html – abgerufen am 10.10.2024.

158 Vgl. Thomas Joos – PC Welt – Bitcoin-Mining mit dem eigenen Computer – so geht's 2022, https://www.pcwelt.de/article/1196902/bitcoin-mining-mit-dem-eigenen-computer-so-geht-s.html – abgerufen am 10.10.2024.

- Zudem ist die Lebenserwartung von GPUs generell geringer.[159] Zwar kann GPU Mining auch aufgerüstet werden, es erfordert allerdings eine große Ausrüstung.
- GPU Mining kann bestimmte Coins nicht abbauen.
- GPUs sind leistungsfähiger als CPUs, doch nicht so leistungsfähig wie ASICs.[160]

Zusammenfassend kann festgehalten werden, dass das Mining sich zum einen aus der Effizienz der Hardware und zum anderen aus den Energiekosten zusammensetzt, da der Rechner nahezu ununterbrochen in Funktion ist. Was die Hardware betrifft, gilt grundsätzlich: Je höher die Leistungsfähigkeit eines Rechners für das Minen, desto höher auch die Kosten für die Anschaffung und Wartung bzw. desto höher auch der Abnutzungsgrad des Rechners.

Dieser Umstand macht es erforderlich, eine Abwägung zwischen der Leistungsfähigkeit des Rechners und den Anschaffungskosten zu treffen. Hierzu sollte man vorab im Klaren sein welche Hardware man benötigt und welche Komponenten zudem miteinander kompatibel sind – welche Hard- und Softwarekomponenten zusammenpassen.

Sobald das Krypto-Mining mehr als nur ein Hobby darstellt, steht letztendlich der wirtschaftliche Aspekt in Vordergrund. Um die Wirtschaftlichkeit des Minings bewerten zu können, müssen Kosten den erzielten Erträgen gegenübergestellt werden. Eine entsprechende Kostenkalkulation zeigt Chancen und Risiken auf und unterstützt bei unternehmerischen Entscheidungen. Der Abschnitt „Mining-Rentabilität" wird diesen Aspekt ebenso sorgfältig beleuchten.

Mining-Software

Neben der richtigen Mining-Hardware, ist zudem die passende Mining-Software für den Schürferfolg entscheidend.[161] Die Mining-Software ist der Teil,

---

159 Vgl. Coin Kurier - Blockchain Mining: So funktioniert das Schürfen von Kryptowährungen, https://coinkurier.de/blockchain-mining-so-funktioniert-das-schuerfen-von-kryptowaehrungen/ – abgerufen am 10.10.2024.

160 Vgl. Cointopper - Unterschied zwischen ASIC-, GPU- und CPU-Mining, https://cointopper-com.translate.goog/difference-between-asic-gpu-and-cpu-mining?_x_tr_sl=en&_x_tr_tl=de&_x_tr_hl=de&_x_tr_pto=sc&_x_tr_hist=true – abgerufen am 10.10.2024.

161 Dr. Johannes Christoph - Mining-Hardware – Alles über Mining-Software, https://hardware-mining.de/alles-ueber-mining-software-deutsch/ – abgerufen am 10.10.2024.

der die Mining-Hardware auslastet und die Blöcke löst.[162] Sie sollte allen Bedürfnissen entsprechen und mit den Algorithmen optimal arbeiten.

Um eine Verbindung z. B. in das Bitcoin-Netzwerk unter optimalen Bedingungen herstellen zu können, muss vorab geklärt sein, ob man im Pool (Pool Mining) oder alleine (Solo Mining) schürft. Grundsätzlich gibt es zwei verschiedene Mining-Software Varianten:[163]

- Beim eigenständigen Mining (Solo Mining) ist es die Aufgabe der Software, die angeschlossenen Miner mit der Blockchain bzw. der eigenen Node (Netzwerkknoten oder Netzknoten) zu verbinden.
- Wird dagegen das Mining über einen Pool betrieben (Pool Mining), so muss hingegen eine Verbindung mit diesem Pool erfolgen. Die direkte Verbindung zur Blockchain ist hier nicht erforderlich.[164]
- Cloud Miner benötigen hingegen keine Mining-Software.

Außerdem ist vor der Auswahl der Mining-Software sicherzustellen, dass sie mit dem Betriebssystem und mit der verwendeten Hardware kompatibel ist.

Was ist ein Betriebssystem?
Unter einem **Betriebssystem** (engl.: operating system) versteht man eine Software, die zusammen mit den Hardwareeigenschaften des Computers die Basis zum Betrieb bildet und insbesondere die Abarbeitung von Programmen steuert und überwacht. Vereinfacht gesagt, macht das Betriebssystem die Benutzung des Computers erst möglich.

---

162 PC Masters – Beste Bitcoin-Mining-Software: So funktioniert es, https://www.pcmasters.de/testbericht/133710602-beste-bitcoin-mining-software-so-funktioniert-es.html – abgerufen am 10.10.2024.

163 Dr. Johannes Christoph - Mining-Hardware – Alles über Mining-Software, https://hardware-mining.de/alles-ueber-mining-software-deutsch/ – abgerufen am 10.10.2024.

164 Vgl. Bitcoin Live – Mining-Software, Mining Betriebssystem, https://bitcoin-live.de/mining-software-mining-betriebssystem/ – abgerufen am 10.10.2024.

Was ist Kompatibilität?
Kompatibilität ist (in der Technik) die Fähigkeit zweier Systeme, zusammenzuarbeiten, ohne dass sie dafür speziell verändert werden müssen.

Schließlich besteht die Hauptaufgabe der Software darin, die Mining-Hardware an das Bitcoin-Netzwerk anzuknüpfen und deren generierte Rechenleistung an das Netzwerk weiterzuleiten, aber auch die Leistung anderer Pool Miner in das Netzwerk einzuspeisen. Die Bitcoin-Mining-Software überwacht diesen ständigen Input und Output aller Miner und liefert Statistiken wie Geschwindigkeit, Hashrate, Temperatur und Lüftungsgeschwindigkeit.[165]

Durch eine gute Software lässt sich kontrollieren, ob die bestmögliche Leistung erzielt wird. Gibt es Probleme, so können diese schneller erkannt und behoben werden.

Block Reward

Um beim Beispiel Bitcoin zu bleiben: Den Block Reward (Blockbelohnung oder Blockprämie) erhält der Miner oder Produzent eines Blocks, der erfolgreich einen neuen Transaktionsblock, basierend auf dem Proof-of-Work-Konsensmechanismus, gelöst hat,[166] der anschließend an die Blockchain angefügt wird. Mit ihrem Einsatz, dem Überprüfen von Transaktionen und Hinzufügen von Blöcken zur Blockchain, tragen Miner zum geregelten Ablauf bei der Coingenerierung bei. Wir wissen bereits, dies benötigt hohe Rechenkapazitäten. Der Block Reward bietet einen wirtschaftlichen Anreiz, diese Kapazität einzurichten und somit die kostenintensive Infrastruktur bereitzustellen. Je mehr Miner sich beteiligen, desto sicherer erweist sich das Netzwerk.[167]

165 Johannes - Hardware-Mining – Alles über Mining-Software, https://hardware-mining.de/alles-ueber-mining-software-deutsch/ – abgerufen am 15.10.2024.

166 BTC Echo – Block Reward, https://www.btc-echo.de/academy/bibliothek/block-reward/ – abgerufen am 15.10.2024.

167 Vgl. Franziska – Blockchain Center – Block Reward, https://www.blockchaincenter.net/wiki/block-reward/ – abgerufen am 15.10.2024.

In der Regel bestehen die Block Rewards aus Coins oder Token eines Blockchain-Netzwerks wie Bitcoin.[168] Die Entlohnung setzt sich dabei aus Anteilen neu geschöpfter Einheiten (Block Reward) und aus Transaktionsgebühren (engl.: transaction fees) zusammen.[169]

> Zum Zeitpunkt des Verfassens dieses Artikels liegt der Block Reward bei 3,125 Bitcoin pro geschürftem Block und wird durch das nächste Halving in 2028 aufs Neue halbiert. Das führt dazu, dass der letzte Bitcoin erst um das Jahr 2140 nach dem 33. Halving geschürft wird.[170]

Die Belohnung für die geschürften Blocks wird ungefähr alle vier Jahre halbiert, was als „Bitcoin Halving“ bezeichnet wird.[171]

Der Handel mit Bitcoin erfolgt am häufigsten über klassische Börsen (Kryptobörsen) und auf Marktplätzen.[172] Beide Ausführungen werden noch genauer vorgestellt. Beim Kauf und Verkauf von Kryptowährungen fällt eine Handelsgebühr (Transaktionsgebühr) an. Die Bitcoin-Transaktionsgebühr wird landläufig auch als Mining-Gebühr bezeichnet[173]. Für das Verifizieren der Transaktion erhält der Miner zusätzlich die Gebühren der Transaktionen, die in diesem Block enthalten sind:[174]

---

168 Bitpanda – Was versteht man unter dem Begriff "Mining Difficulty"? https://www.bitpanda.com/academy/de/lektionen/was-versteht-man-unter-dem-begriff-mining-difficulty/ – abgerufen am 15.10.2024.

169 Dr. Johannes Christoph – Mining-Hardware - Dein Infoportal für Mining-Hardware, https://hardware-mining.de/ – abgerufen am 15.10.2024.

170 Vgl. Sören Imöhl – Wirtschaftswoche - Wann ist das nächste Bitcoin Halving? https://www.wiwo.de/finanzen/boerse/bitcoin-halving-2028-wann-ist-das-naechste-bitcoin-halving/29061320.html#:~:text=Diese%20sogenannte%20Block%2DReward%20liegt,dem%2033.%20Halving%20gesch%C3%BCrft%20wird. – abgerufen am 15.10.2024.

171 BTCDirect – Bitcoin block halving 2020, https://btcdirect.eu/de-at/was-ist-eine-bitcoin-blockhalbierung – abgerufen am 15.10.2024.

172 Vgl. Handelsblatt – Wo Bitcoin kaufen? So kaufen Anleger bei seriösen Börsen Bitcoin & Co, https://www.handelsblatt.com/vergleich/bitcoin-kaufen/ – abgerufen am 15.10.2024.

173 Vgl. Martin Goersch – Nextmarkets – Bitcoin-Transaktionsgebühr, https://www.nextmarkets.com/de/handel/krypto/bitcoin/transaktionsgebuehr – abgerufen am 15.10.2024.

174 Futurezone – Mining: So funktioniert das Schürfen nach Bitcoin, https://futurezone.at/digital-life/mining-so-funktioniert-das-schuerfen-nach-bitcoin/400002913 – abgerufen am 15.10.2024.

- Die Miner decken ihre Stromkosten sowie ihren Aufwand für Investitionen in Hardware (Rechner, Räume usw.) zum größten Teil durch Einnahmen aus neu geschaffenen (geschürften) Bitcoins, die sie als Block Reward für ihre dem Netzwerk zur Verfügung gestellten Rechnerleistungen erhalten.
- Ein relativ kleiner Anteil ihrer Einnahmen kommt aus den oben erwähnten Transaktionsgebühren, die die Benutzer von Bitcoin pro Transaktion bezahlen. Die durchschnittliche Transaktionsgebühr beträgt 0,30 US-Dollar, allerdings gibt es im Gegensatz zu Banken keinen festen Prozentsatz für die Transaktionskosten. Stattdessen legen Bitcoin Nutzer ihre eigenen Transaktionsgebühren bei jeder ausgehenden Transaktion manuell fest.[175]

> In den letzten fünf Jahren lagen die Transaktionsgebühren meistens zwischen 50 US-Cent und 1 US-Dollar (Artikel erschienen am 15. Juli 2021). Während der beiden starken Bitcoin Kursanstiege in 2018 und ab Mitte 2020 stiegen sie teilweise deutlich darüber, beide Male für wenige Wochen auf über 20 US-Dollar.[176]
> Aufgrund der Natur des Bitcoin-Systems ist es schwierig, herauszufinden, wie verbreitet dies ist bzw. in welchem Umfang es genutzt wird.[177]
> Im Moment sollen in der Bitcoin-Blockchain durchschnittlich 320.000 Transaktionen pro Tag abgewickelt werden (Artikel vom 4.03.2022).[178]
> Bei der durchschnittlichen Transaktionsgebühr von 0,30 US-Dollar führt das zu einem Ertrag von 96.000 US-Dollar pro Tag für die Miner.

Im Zusammenhang mit dem Mining sollen die drei nachstehenden Punkte eigens wiedergegeben werden:

175 Vgl. Richard Dobetsberger – Nextmarkets, https://www.nextmarkets.com/de/handel/krypto/bitcoin/transaction – abgerufen am 15.10.2024.

176 Vgl. Christian Kreiß – Telepolis – Der Bitcoin-Crash ist programmiert, https://www.telepolis.de/features/Der-Bitcoin-Crash-ist-programmiert-6138995.html – abgerufen am 15.10.2024.

177 Vgl. Statista - Gesamtzahl aller Bitcoin-Transaktionen weltweit von Februar 2017 bis März 2024, https://de.statista.com/statistik/daten/studie/315084/umfrage/gesamtzahl-aller-bitcoin-transaktionen-weltweit/ – abgerufen am 15.10.2024.

178 Vgl. Stefanie Herrnberger – Blockchainwelt – Was beeinflusst den Bitcoin-Kurs? https://blockchainwelt.de/was-beeinflusst-den-bitcoin-kurs/ – abgerufen am 15.10.2024.

1. Der beschriebene Block Reward erfüllt zwei maßgebliche Funktionen: Zum einen als Belohnung der Schürfer (Anreiz), zum anderen zur Erzeugung neuer Bitcoin, die dadurch in Umlauf kommen.[179]
2. Im Gegensatz zum bereits beschriebenen Proof-of-Work-Konsensmechanismus müssen beim Proof-of-Stake-Verfahren keine komplizierten kryptografischen Aufgaben von allen „Minern“ oder genauer gesagt von „Forgern“ gelöst werden, sodass „Forger“ auch nicht mehr zwingend die neueste Hardware benötigen[180].
3. Anstatt wie beim Proof of Work Rechenleistung aufzuwenden („Mining“), muss ein Teilnehmer einen bestimmten Betrag in der Kryptowährung hinterlegen. Hat ein Teilnehmer den nächsten Block erzeugt, erhält er den hinterlegten Betrag zurück und bekommt zusätzlich eine Belohnung, den sogenannten Staking Reward.[181]

2.2 Pool Mining

Eine Alternative zu dem zuvor beschriebenen Solo Mining auf dem heimischen Rechner ist sich mit der eigenen Hardware zum Schürfen zusammenzuschließen: Pool Mining. Insbesondere professionelle Miner und Institutionen schließen ihre Rechner zusammen, um die Rechenkapazität und somit die Hashrate deutlich zu erhöhen und ein schnelles Erzeugen neuer Coins zu ermöglichen.[182] Für ihre Arbeit verlangen die Mining Pools entsprechende Gebühren. Wenn der Pool einen Block findet, behält er einen Anteil der Blockbelohnung.[183] Der Rest wird dann entsprechend der geleisteten Rechenkapazität auf die einzelnen Nutzer (Miner) aufgeteilt.[184] Die Ausschüttung erfolgt regelmäßig in kleineren Auszahlungen. Viele

179 Coinupdate – Bitcoin Halving erklärt: Wie reagiert der BTC Kurs auf die Halbierung, https://coin-update.de/bitcoin-halving/ – abgerufen am 15.10.2024.

180 Vgl. Hendrik Zimmermann, Janna Hoppe – Germanwatch, https://www.germanwatch.org/de/15043 – abgerufen am 15.10.2024.

181 Vgl. Juli Sexel - Finanzfluss - Proof of Stake – was ist das und wie funktioniert es? https://www.finanzfluss.de/geldanlage/proof-of-stake/ – abgerufen am 15.10.2024.

182 BTC Echo – Hash Rate, https://www.btc-echo.de/academy/bibliothek/hash-rate/, – abgerufen am 15.10.2024.

183 2 Miners – Die Alternative zu Ethermine, https://2miners.com/de/alternative-to-ethermine – abgerufen am 15.10.2024.

184 Vgl. Alice Leetham – BitcoinMag, Bitcoin Mining - Schritt für Schritt Anleitung, https://www.bitcoinmag.de/bitcoin/mining – abgerufen am 15.10.2024.

Miner bevorzugen es daher, einem Pool beizutreten, da diese Variante es erlaubt Erlöse besser planen zu können.

Da beim Mining die Kosten für den Strom eine erhebliche Rolle spielen, sind vor allem große Mining-Farmen an Standorten mit geringen Stromkosten entstanden. Diese haben oftmals eine deutlich höhere Rendite als Miner, die ihre Geräte in Europa betreiben.[185] Die Möglichkeit des Pool Minings stellt inzwischen eine Variante dar, gegen solche Unternehmen zu konkurrieren.

Was ist eine Mining-Farm?
Bei einer **Mining-Farm** handelt es sich um Unternehmen, die sich mittlerweile darauf spezialisiert haben, Krypto-Mining mit großen Rechenzentren (viele spezialisierte Mining-Geräte) zu betreiben – und das an Standorten mit geringen Stromkosten. Sie stehen meist in großen Hallen.[186]

2.3 Cloud Mining

Eine weitere Möglichkeit um Coins zu schürfen liegt in der Cloud. Nutzer können über das Internet auf vorkonfigurierte Mining-Hardware zugreifen, anstatt die Geräte selbst bei sich zu Hause zu betreiben. Im Gegensatz zum Solo Mining und Pool Mining wird für das Cloud Mining dadurch keine eigene Hardware benötigt. Vielmehr wird bei dieser Form des Minings Rechenleistung (Hashrate oder auch Hashpower) in einem Cloud Server bei einem Cloud-Mining-Anbieter gebucht.

Zu diesem Zweck haben sich eigene Cloud-Mining-Anbieter entwickelt, die eigene Datenzentren mit zahlreichen Mining-Geräten betreiben. Dies ebenfalls zumeist in Ländern, in denen die Stromkosten gering sind.[187] Dafür

185 Vgl. Bitcoin Live – Was ist GPU-Mining? https://bitcoin-live.de/was-ist-gpu-mining/ – abgerufen am 15.10.2024.

186 Vgl. BTC Echo – Was ist Mining-Farm, https://www.btc-echo.de/academy/bibliothek/mining-farm/ – abgerufen am 21.01.2023.

187 Vgl. Christoph Peterson - Coincierge – Cloud Mining 2024: Vergleich der besten Cloud Mining Dienste, https://coincierge.de/cloud-mining/ – abgerufen am 15.10.2024.

muss für den Cloud-Dienst eine entsprechende Gebühr gezahlt werden,[188] während die erzielten Erträge entsprechend der gemieteten Rechenkapazität auf die jeweiligen Nutzer aufgeteilt werden.

Die Institutionen treten in diesem Fall als Dienstleister auf und stellen dem User ihre Erfahrung und ihre Geräte unter professionellen Bedingungen zur Verfügung. Der Miner profitiert hierbei sowohl von den Mengenrabatten auf die Hardware, die die Dienstleister direkt vom Hersteller beziehen, als auch von der günstigeren Stromversorgung. Zudem können diese ein viel höheres Mining-Ergebnis erzielen, da sie einen signifikant höheren Anteil der Hashpower am gesamten Netzwerk besitzen als der einzelne, private Miner.[189]

Das Cloud Mining ist somit vor allem für die Nutzer interessant, die:

- keine eigene Hardware anschaffen wollen,
- an geringeren Investitionen interessiert sind und
- ihre Erfolgschancen durch mehr Rechenleistung erhöhen wollen.
- Außerdem: Während das Solo Mining und Pool Mining Speicherplatz verlangt, schont es diesen beim Cloud Mining.

Der Wettbewerb um das Mining neuer Kryptoeinheiten ist in den vergangenen Jahren deutlich härter geworden. Während private Miner früher lediglich mit anderen privaten Minern konkurrieren, sehen sie sich mittlerweile mit hochleistungsstarken, professionellen Mining-Anlagen (Mining-Farm) konfrontiert.

Zusammenfassend kann folgendes festgehalten werden:

- Es gibt zwei Hauptarten des Kryptowährungs-Mining: Das Solo Mining und das Pool Mining.
- Das Pool Mining und das Cloud Mining können eine ergiebige Alternative zum Solo Mining darstellen.

188 Hornetsecurity – Crypto Mining: Definition und Funktion erklärt, https://www.hornet security.com/de/wissensdatenbank/crypto-mining/ – abgerufen am 15.10.2024.

189 Vgl. David Seubert – Krypto Guru – Was ist Mining? https://krypto-guru.de/mining/ – abgerufen am 15.10.2024.

2.4 Mining-Rentabilität

Bitcoin-Mining war in den Anfängen der Kryptowährung ein profitables Geschäft. Die Umstände rund um das Mining von Bitcoins haben sich in den vergangenen Jahren jedoch enorm verändert. Mittlerweile muss teure Hardware angeschafft werden. Miner stehen in Konkurrenz mit professionellen Mining Anlagen und auch die hohen Stromkosten reduzieren die Rendite.[190]

Rentabilität
Die **Rentabilität** ist ein Begriff aus der Betriebswirtschaftslehre und konzentriert sich auf das Verhältnis von Gewinn zu Investitionen. Es gibt an, wie profitabel ein Unternehmen im Verhältnis zum eingesetzten Kapital ist.[191]

Wir wissen bereits, Proof of Work (Arbeitsnachweis) ist der Konsens-Algorithmus (Konsensmechanismus), der der Bitcoin-Blockchain zugrunde liegt und für Einstimmigkeit (Konsens) im Netzwerk sorgt.[192] Es handelt sich um das „Regelwerk" des Bitcoin-Netzwerks.[193] Die Miner stehen bei diesem Verfahren im gegenseitigen Wettbewerb zueinander den nächsten Block zu erzeugen und an die Blockchain anzuhängen. Der erste Miner, der einen Block von Transaktionen verifiziert, erhält die besagte Blockprämie.

Viele weitere Aspekte bestimmen die Rentabilität des Schürfens – einige davon haben wir bereits kennengelernt:

---

190 Vgl. Finanzen – Zahlreiche Einflussfaktoren: Ist Bitcoin-Mining überhaupt noch profitabel? https://www.finanzen.ch/nachrichten/devisen/zahlreiche-einflussfaktoren-ist-bitcoin-mining-ueberhaupt-noch-profitabel-1031060737 – abgerufen am 15.10.2024.

191 Vgl. Katharina Berger – docurex - Rentabilität erklärt: Was ist Rentabilität und warum ist sie wichtig? https://www.docurex.com/was-ist-rentabilitaet/?cn-reloaded=1 – abgerufen am 15.10.2024.

192 Vgl. BTC Echo – Proof of Work, https://www.btc-echo.de/academy/bibliothek/proof-of-work/#:~:text=H%C3%A4ufige%20Fragen%20(FAQ)-,Was%20ist%20Proof%20of%20Work%3F,an%20die%20Blockchain%20zu%20heften. – abgerufen am 15.10.2024.

193 Vgl. Bitpanda – Konsens-Algorithmen: Proof of Work, https://www.bitpanda.com/academy/de/lektionen/konsens-algorithmen-proof-of-work/ – abgerufen am 15.10.2024.

- Pool Mining reduziert zwar den Gewinn des Einzelnen, ist aber aufgrund der professionellen Konkurrenzlage oft die einzige Alternative, um überhaupt erfolgreich schürfen zu können.[194]
- Eine verbesserte Rechenleistung bedeutet andererseits aber auch, dass es zu höheren Anschaffungskosten für die spezialisierte Mining-Hardware führt (kaufmännisch: Fixkosten).[195]
- An einer sehr guten Kühlung und einem leistungsfähigen Netzteil sollte dabei nicht gespart werden. Denn vor allem das Netzteil muss für eine hohe Stromversorgung sorgen, ohne einen Schaden davon zu tragen.[196]

PC-Kühlung

Da der Rechner beim Mining ununterbrochen läuft, sollte er ausreichend **gekühlt** werden, um maximale Leistung zu erzielen und um eine Überhitzung zu vermeiden. Heiße Temperaturen im Sommer oder ein angenehm geheizter Raum im Winter können ebenso dazu beitragen. Eine Überhitzung der Hardware kann schnell zum Ausfall des Miners und im schlimmsten Fall zu einer Beschädigung der Hardware führen. Moderne PC-Komponenten besitzen in der Regel zwar eine aktive Kühlung, die vom Hersteller bereits integriert ist und solche Extremfälle verhindert. Dennoch kann es sein, dass die verbaute Lüftung für eine optimale Kühlung nicht ausreicht, sodass man zusätzlich für einen ausreichenden Airflow (Luftzug) sorgen muss, der die erwärmte Luft ableitet.

Generell verursacht die Hardware den größten Kostenanteil im Zusammenhang mit dem Mining. Weitere, zu berücksichtigende Kostenaspekte sind:

---

194 Vgl. Finanzen – Zahlreiche Einflussfaktoren: Ist Bitcoin-Mining überhaupt noch profitabel? https://www.finanzen.ch/nachrichten/devisen/zahlreiche-einflussfaktoren-ist-bitcoin-mining-ueberhaupt-noch-profitabel-1031060737 – abgerufen am 15.10.2024.

195 Vgl. Lexware - Teilkostenrechnung: So funktioniert die Preiskalkulation anhand der variablen Kosten, https://www.lexware.de/wissen/buchhaltung-finanzen/teilkostenrechnung-so-funktioniert-die-preiskalkulation-anhand-der-variablen-kosten/#:~:text=Beispiele%20sind%20Gemeinkosten%20wie%20lineare,Rohstoffe%2C%20Energie%2D%20und%20Transportkosten – abgerufen am 15.10.2024.

196 Vgl. Coin Kurier – Bitcoin-Mining: So funktioniert das Schürfen von Kryptowährungen, https://coinkurier.de/blockchain-mining-so-funktioniert-das-schuerfen-von-kryptowaehrungen/ – abgerufen am 15.10.2024.

- Nicht vernachlässigt werden sollte, dass die Technik gewartet werden muss und gegebenenfalls Reparaturen anfallen.
- Dadurch, dass die Rechner durchgehend in Funktion sind, verkürzt sich ihre geschätzte Lebenszeit.
- In Anbetracht der Vielzahl an ständig neu aufkommenden Online-Bedrohungen sollte auch an Antivirus-Software gedacht werden.
- Wird Cloud Mining betrieben, entfallen zwar die anfänglichen Investitionen für die spezielle Hardware, aber es fällt die Cloudgebühr an.[197]

Um effektiv zu minen, sollte man sich mit der bereits angesprochenen Rentabilitätsberechnung vertraut machen. Um die Rentabilität des Bitcoin-Minings zu ermitteln, müssen zahlreiche Einflussfaktoren berücksichtigt werden. Ein wesentlicher Punkt dabei ist, dass der Strompreis definitiv den größten Kostenfaktor an variablen Kosten (kaufmännisch) im Mining Geschäft bildet.

Was ist der Unterschied zwischen fixen und variablen Kosten?
Variable Kosten verändern sich. Sie steigen, wenn von etwas mehr benötigt wird, und sie sinken, wenn weniger gebraucht wird. **Fixe Kosten** hingegen bleiben immer konstant und sind unabhängig vom Verbrauch.[198]

Kryptowährungen wie Bitcoin können grundsätzlich nur mit einem Gewinn geschürft werden, wenn der Mining-Erlös die laufenden Kosten übersteigt. Da der Strompreis definitiv den größten Kostenaufwand bildet, ist es für den Betreiber eines Miners wichtig, den genauen Stromverbrauch zu kennen.

Die Kostenfaktoren, die es beim Bitcoin-Mining unter anderem zu berücksichtigen gilt, sind hier nochmals zusammengefasst:[199]

---

197 Vgl. Alice Leetham - BitconMag – Bitcoin Mining - Schritt für Schritt Anleitung, https://www.bitcoinmag.de/bitcoin/mining – abgerufen am 15.10.2024.

198 Simpleclub - Fixe & variable Kosten, https://simpleclub.com/lessons/kaufmann-frau-im-einzelhandel-verkauferin-fixe-variable-kosten#:~:text=Variable%20Kosten%20ver%C3%A4ndern%20sich.,und%20sind%20unabh%C3%A4ngig%20vom%20Verbrauch. – abgerufen am 15.10.2024.

199 Vgl. Finanzen – Zahlreiche Einflussfaktoren: Ist Bitcoin-Mining überhaupt noch profitabel? https://www.finanzen.ch/nachrichten/devisen/zahlreiche-einflussfaktoren-ist-bitcoin-mining-ueberhaupt-noch-profitabel-1031060737 – abgerufen am 15.10.2024.

- die Anschaffungskosten für die spezialisierte Mining-Hardware (Zubehör, Wartung)
- die Kosten, die durch die Hardwareabnutzung anfallen
- gegebenenfalls Cloudgebühr (Cloud Mining)
- technische Anpassungen bei den Mining-Geräten

Des Weiteren folgen hier eine Zusammenfassung der wichtigsten Aspekte des Bitcoin-Schürfens:

- Die Mining-Hardware, genauer gesagt die Rechenleistung des Miners (Computerbesitzers) spielt beim Mining eine wesentliche Rolle. Die Hashrate oder Hashpower ist die Maßeinheit für die Rechenleistung des Miners. Generell gilt: Je höher die Hashrate des Mining Computers, umso höher die Chance darauf, die mathematische Gleichung zu lösen und um einen Block erfolgreich abzuschließen und sonach den dafür vorgesehenen Block Reward zu erhalten.[200]
- Inzwischen gibt es eine Vielzahl an professionellen Mining-Zentren (Mining-Farm) mit enormer Rechenleistung.
- Außerdem sollte der Mining-Schwierigkeitsgrad, der an den Hashes pro Sekunde gemessen wird, im Auge behalten werden. Die Hashrate misst die Geschwindigkeit, mit der ein Problem gelöst wird. Je mehr Bitcoin Schürfer in den Markt eintreten, desto höher ist die Schwierigkeit (und umgekehrt) um sicherzustellen, dass die Anzahl der produzierten Bitcoins gleichbleibt. Die Bestimmung des Schwierigkeitsgrades, der je nach Bedarf reduziert oder erhöht wird,[201] bezeichnet man, wie zuvor schon erwähnt, auch als "Mining Difficulty".[202]

> Das Gesamtangebot der sich im Umlauf befindlichen Bitcoins hat jüngst einen wichtigen Meilenstein erreicht: Von den auf 21 Millionen limitierten Bitcoins wurden seit der ersten Transaktion mit Bitcoin

200 Vgl. Computer Bild – Was sind Hashes eigentlich? Die Hashrate für Miner erklärt, https://www.computerbild.de/artikel/cb-Tipps-PC-Hardware-Was-sind-Hashes-Hashrate-fuer-Miner-erklaert-29906171.html#:~:text=Die%20Hashrate%20oder%20Hash%2DPower,genommen%20die%20Anzahl%20der%20Rechenoperationen. – abgerufen am 15.10.2024.

201 Bitpanda – Konsens-Algorithmen: Proof of Work, https://www.bitpanda.com/academy/de/lektionen/konsens-algorithmen-proof-of-work/ – abgerufen am 15.10.2024.

202 Bitpanda – Was versteht man unter dem Begriff "Mining Difficulty"? https://www.bitpanda.com/academy/de/lektionen/was-versteht-man-unter-dem-begriff-mining-difficulty/ – abgerufen am 15.10.2024.

am 12. Januar 2009 der größte Teil bereits erzeugt: Im August 2022 befanden sich mehr als 19,1 Millionen Bitcoins im Umlauf.[203] 90 % des maximalen Angebots wurden bereits geschürft. Bis allerdings auch noch die verbleibenden 10 % (2.100.000 Bitcoins) geschürft sind, dürfte es noch einige Zeit dauern.

- Die Stromkosten je Kilowattstunde (kWh) in EUR (sowohl für die Berechnungen in den Mining Systemen selbst als auch für die Kühlung und den Schutz vor Überhitzung).
- Der stark schwankende Bitcoin-Preis darf nicht unberücksichtigt bleiben (Bitcoin-Kurs in EUR). Je höher der Kurs der Kryptowährung, desto besser die Rentabilität.
- Der Block Reward ändert sich: Ursprünglich lag die Zahl der Bitcoins, die ein Miner erhielt, bei 50 BTC. In 2012 sank sie auf 25 BTC, in 2016 halbierte sich die Belohnung erneut auf 12,5 BTC. In 2020 reduzierte sich der Bitcoin Block Reward dann von 12,5 auf 6,25 BTC. Die letzte „Halbierung" fand im April 2024 statt. Mittlerweile erhalten Miner noch 3,125 BTC als Belohnung. Die nächste "Halbierung" des Bitcoin-Netzwerks ("Bitcoin Halving") ist voraussichtlich in 2028 geplant. Dann wird sich der Wert der Rewards senken bzw. die Miner werden für ihre Dienste nicht mehr mit 3,125 BTC, sondern mit 1,5625 BTC pro gefundenem Block belohnt.[204]
- Das Thema Cyberkriminalität sollte ernst genommen werden, und es sollten entsprechende Maßnahmen getroffen werden wie z. B. die Wahl des Wallets.
- Der Zeitaufwand für das Mining muss berücksichtigt werden.
- Schlussendlich sollten auch die Steuern nicht in Vergessenheit geraten, denn gewerblich tätige Miner müssen ein Gewerbe anmelden und Steuern auf die Einnahmen aus Kryptogeschäften zahlen.

Um den geschätzten Mining-Gewinn für verschiedene Kryptowährungen und verschiedene Algorithmen zu berechnen und zu vergleichen, gibt es im Internet zahlreiche hilfreiche Seiten, mit der die Rentabilität berechnet werden kann (Mining-Rentabilitätsrechner). Mit denen kann man für be-

---

203 L. Rabe – Statista – Daten und Statistiken zum Thema Bitcoin, https://de.statista.com/themen/2087/bitcoin/ – abgerufen am 14.03.2022.

204 Vgl. BTC Echo - Bitcoin Halving, https://www.btc-echo.de/highlights/bitcoin-halving/ – abgerufen am 15.10.2024.

liebige Coins und Hashraten bei einem beliebigen Stromverbrauch einen ungefähren Gewinn/Verlust berechnen.[205]

Letztendlich macht es als Einzelperson unter Berücksichtigung der oben beschriebenen Faktoren mittlerweile kaum noch Sinn Bitcoins zu schürfen. Ein individueller Miner würde bei der derzeitigen Blockchain viel zu lange brauchen, um die benötigten Rechenoperationen auszuführen und einen neuen Block hinzuzufügen[206]. Und: Je leistungsfähiger die Hardware ist, desto höher fallen die Kosten hierfür an. Eine Alternative stellt das Pool Mining dar.

Noch einmal zur Diskussion um die Stromkosten:

- Wir wissen heute, die Stromkosten bilden den größten Kostenpunkt im Mining-Geschäft.
- Computer müssen bei Proof of Work basierte Kryptowährungen wie Bitcoin komplizierte Rechenrätsel lösen. Das verursacht einen extrem hohen Rechenaufwand, der gleichzeitig den Energiebedarf in die Höhe treibt.
- Die Diskussion um den Stromverbrauch ist nicht neu. Daher sollte man die Zukunft im Auge behalten. So wird in den Medien von Zeit zu Zeit immer wieder darüber berichtet, dass die Europäische Union (EU) Kryptowährungen regulieren will.
- So soll auch für das Mining eine Abgabe eingeführt werden. Bei der Festlegung der Höhe könnten Faktoren wie Stromverbrauch und Umweltauswirkungen eine Rolle spielen.[207]
- Das hätte dann wahrscheinlich zur Folge, dass manche Miner Unternehmen ihre Server ins Ausland verlagern[208], in denen die Stromtarife

---

205 Mining-Germany – Rentabilität, http://mining-germany.de/rentabilitaet.html – abgerufen am 15.10.2024.

206 Steffen Rathmann – Cryptoticker – Wie lange dauert es im Jahr 2022, einen Bitcoin zu minen? https://cryptoticker.io/de/wie-lange-dauert-es-einen-bitcoin-zu-minen – abgerufen am 15.10.2024.

207 Vgl. Daniel Hoppmann – BTC Echo – Führt die Europäische Union bald einheitliche Krypto-Steuern ein? https://www.btc-echo.de/news/neuer-eu-vorstoss-kommen-bald-einheitliche-krypto-steuern-158450/ – abgerufen am 15.10.2024.

208 Vgl. Christoph Herwartz, Helmut Steuer – Handelsblatt – „Energetisch ist der Bitcoin völliger Irrsinn“: Erste Europapolitiker fordern Verbot von Kryptowährungen, https://www.handelsblatt.com/politik/eu-klimaschutz-energetisch-ist-der-bitcoin-voelliger-irrsinn-erste-europapolitiker-fordern-verbot-von-kryptowaehrungen/28025224.html – abgerufen am 15.10.2024.

relativ geringer sind und die Regierung den neuen Wirtschaftszweig unterstützt.

EU-Kommission
Die **Europäische Kommission** wird auch umgangssprachlich als Regierung der Europäischen Union (EU) bezeichnet. Sie ergreift die Initiative zur Unionsgesetzgebung. Sie hat ihren Sitz in Brüssel und bildet mit dem Europäischen Rat die Exekutive der EU. Die Exekutive ist wiederum die ausführende Gewalt im politischen System eines Staates.[209]

Im Zusammenhang mit dem Thema Regulierung von Finanzmärkten und Assets in der EU sind die MiCA-Richtlinien (Markets in Crypto Assets) nennenswert. MiCA soll einheitliche Regelungen im Umgang mit Kryptowährungen wie Bitcoin (BTC), Ether (ETH) und auch Facebooks Utility Token Libra, schaffen. Die von der EU-Kommission vorgestellte Verordnung soll in allen Mitgliedsstaaten eingeführt werden.[210]

Was ist Libra Facebook?
Das ursprünglich bei **Facebook** entwickelte Projekt war im Juni 2019 unter dem Namen **Libra** vorgestellt worden. Der Plan war ambitioniert: Ein weltumspannendes Digitalgeld, das mit verschiedenen nationalen Währungen gekauft und wieder zurückgetauscht werden kann. Die Technologie hinter dem Kryptogeld „Diem" (ehemals Libra) wurde inzwischen an eine Bank verkauft.[211]

---

209 Vgl. Simpleclub – EU-Kommission, https://simpleclub.com/lessons/politik-gk-eu-kommission – abgerufen am 15.10.2024.

210 Jens Kerkmann – Blockchainwelt – MiCA: EU verordnet Regulierung des Kryptomarktes, https://blockchainwelt.de/mica-eu/ – abgerufen am 15.10.2024.

211 Manager Magazin – Einstige Facebook-Währung "Diem" wird verkauft, https://www.manager-magazin.de/unternehmen/aus-fuer-diem-einstige-facebook-waehrung-diem-ehemals-libra-wird-an-silverlake-verkauft-a-22275b48-6efe-4775-aa08-a950f10886a9 – abgerufen am 15.10.2024.

2.5 Erlaubnispflicht für das Krypto-Mining

„Wie sieht es eigentlich mit der Erlaubnispflicht für das Krypto-Mining aus? Es gibt einige Staaten, in denen das Mining von Bitcoins sowie andere Kryptowährungen nicht erlaubt ist."[212]

Was die Erlaubnispflicht des Minings in der Bundesrepublik Deutschland angeht, stellt das Mining für die Bundesanstalt für Finanzdienstleistungsaufsicht (BaFin) kein erlaubnispflichtiges Geschäft dar, da der Miner die VC (Abkürzung für Virtual Currency) nicht selbst emittiert oder platziert.

Auch der Verkauf selbst geschürfter VC ist grundsätzlich nicht erlaubnispflichtig"[213]. Folglich ist das Mining, ebenso wie der Verkauf von selbst „geminten" Kryptowährungen im privaten Bereich grundsätzlich erlaubnisfrei. Grundsätzlich deshalb, da die Formulierung an sich eine Erläuterung erwarten lässt, unter welchen Rahmenbedingungen das Mining gegebenenfalls doch erlaubt ist.

Einer Erlaubnis nach dem Kreditwesengesetz (KWG) bedarf es nach Ansicht der BaFin indes immer dann, wenn ein gewerblicher Handel mit virtuellen Währungen erfolgt. Unter „gewerbsmäßig" wird ein auf eine gewisse Dauer angelegter Betrieb, der vom Betreiber mit der Absicht der Gewinnerzielung verfolgt wird, verstanden.[214]

Hinweis: Gleichwohl stellt der Inhalt dieser Zusammenfassung keine Rechtsberatung dar und kann die rechtliche Beratung im Einzelfall nicht ersetzen.

2.6 Mining, Steuerpflicht und Gewerblichkeit

Wie zuvor beschrieben, ist Krypto-Mining, z. B. von Bitcoin, der Prozess, mit dem basierend auf dem Konsensmechanismus Proof of Work neue Bitcoins

212 Vgl. Tobias Westphal - Bitcoins Mining – so geht's, https://praxistipps.chip.de/bitcoins-mining-so-gehts_2814 – abgerufen am 15.10.2024.

213 Bundesanstalt für Finanzdiensleistungen – Kryptotoken, https://www.bafin.de/DE/Aufsicht/FinTech/Geschaeftsmodelle/DLT_Blockchain_Krypto/Kryptotoken/Kryptotoken_node.html – abgerufen am 15.10.2024.

214 Rödl & Partner – Kryptowährungen und die Verwaltungspraxis der BaFin: Was Unternehmen beachten müssen, https://www.roedl.de/themen/rechtsberatung/kryptowaehrung-bitcoin-zahlungsmittel-finanzinstrument-bafin – abgerufen am 15.10.2024.

errechnet und in Umlauf gebracht werden. Zum Mining oder Schürfen von neuen Bitcoins werden Rechner mit extrem hoher Rechenleistung eingesetzt, die die Absicherung und Verarbeitung der Transaktionen und Synchronisierung aller Nutzer im Netzwerk ermöglichen. Miner aus der ganzen Welt bilden quasi ein dezentrales Rechenzentrum für eine Kryptowährung. Das gesamte Netzwerk nutzt diese zur Verfügung gestellte Rechenleistung nun, um eine kryptografische Aufgabe zu lösen. Wird ein Bitcoin-Block erfolgreich gelöst, erhält der Miner eine Belohnung in Bitcoin als Vergütung: den Block Reward. Je mehr Rechenleistung sie hierbei aufwenden, desto höher ist ihre Chance, tatsächlich einen Block zu signieren.

> Berufe wie der des gewerblichen Krypto-Miners sind zwar noch relativ neu, doch mit der stetigen Etablierung von Kryptowährungen wächst auch die Bekanntheit solcher Krypto-Berufe.

Doch wie müssen Gewinne aus dem Mining besteuert werden?

Gewinne, die aus dem Mining von beispielsweise Bitcoin erzielt werden, sind grundsätzlich immer dann steuerpflichtig, wenn die geschürften Coins in eine "echte" Währung (Euro, US-Dollar etc.) umgewandelt wird. Eine Steuerfreigrenze gibt es nicht – schon der erste Euro ist steuerpflichtig.

Steuerpflicht kann übrigens ebenfalls entstehen, wenn man Kryptowährungen tauscht – beispielsweise Bitcoin in Ethereum. Denn auf einigen Handelsplattformen werden die Bitcoins bei einer solchen Transaktion für Euro verkauft und mit diesem Euro-Betrag werden dann Ethereum Coins gekauft.[215]

> Betreibt man das Mining nur gelegentlich und bleibt unter einem jährlichen Umsatz von 256 €, muss man dafür in der Regel keine Steuern zahlen und sich dafür auch nicht selbstständig machen (Stand 15.07.2022). Denn diese fallen steuerlich unter "andere Einkünfte", die nicht versteuert werden müssen, wenn sie unter der besagten Freigrenze von 256 € bleiben.[216]

---

215 Vgl. Thomas Breit – Steuerberatung Breit – Krypto-Mining & Steuern: Vermeiden Sie diese 3 Fehler! https://www.steuerberatung-breit.de/krypto-mining-steuern/ – abgerufen am 15.10.2024.

216 Vgl. Sophia Merzbach - Accountable – Krypto-Mining und Steuern – das musst du beachten, https://www.accountable.de/blog/krypto-mining-steuern/ – abgerufen am 15.10.2024.

Was ist der Umsatz?
Als **Umsatz** (oft auch Erlös genannt) bezeichnet man die Einnahmen eines Betriebs durch Waren oder Dienstleistungen in einem bestimmten Zeitraum, z. B. innerhalb eines Geschäftsjahres.
Die Umsatzformel lautet: Umsatz = Absatzmenge x Preis.[217]

Freibetrag und Freigrenze – wo liegt der Unterschied?
Eine **Freigrenze** ist ein Betrag, bis zu dem die Bemessungsgrundlage steuerfrei bleibt. Dabei handelt es sich um einen Betrag, den das Finanzamt steuerfrei gewährt, sofern dieser Betrag nicht überschritten wird. Liegt der Betrag hingegen über der Steuerfreigrenze, muss er voll versteuert werden.
Beim **Freibetrag** wird lediglich der Betrag versteuert, der über dieser Grenze liegt. Er mindert damit auf jeden Fall die Steuerlast.
Die Steuerbemessungsgrundlage ist die technisch-physische oder monetäre (die Finanzen betreffend; geldlich) Größe, die als Grundlage für die Berechnung einer Steuer dient.[218]

Was die Gewerblichkeit beim Bitcoin-Mining und/oder anderen Kryptowährungen angeht, so regelt § 15 Absatz 2 Einkommensteuergesetz (EStG), welche Voraussetzungen gegeben sein müssen, damit ein Gewerbebetrieb vorliegt:

- Wird das Krypto-Mining regelmäßig betrieben, ist davon auszugehen, dass es als Gewerbebetrieb anzusehen ist.[219]

---

217 GoCardless – Umsatz und Gewinn: Was ist der Unterschied? https://gocardless.com/de/handbuch/artikel/umsatz-und-gewinn/#:~:text=Einnahmen%20ausgleichen%20lassen.-,Der%20Unterschied%20zwischen%20Gewinn%20und%20Umsatz%3A%20Ein%20Beispiel,Gewinn%20von%2070.000%20Euro%20erzielt. – abgerufen am 15.10.2024.

218 Billomat – Bemessungsgrundlage, https://www.billomat.com/lexikon/b/bemessungsgrundlage/ – abgerufen am 15.10.2022.

219 Lohn-Info – Freibetrag und Freigrenze, https://www.lohn-info.de/freigrenze_freibetrag.html – abgerufen am 15.10.202.

- Da der Beruf des beruflichen Krypto Miners grundsätzlich unter die gewerblichen und nicht unter die freiberuflichen Tätigkeiten fällt,[220] ist dementsprechend beim zuständigen Gewerbeamt ein Gewerbe anzumelden, woraus sich dann auch steuerliche Konsequenzen ergeben.[221]
- Das zuvor erwähnte Cloud Mining stellt im Rahmen der steuerlichen Behandlung dagegen einen Sonderfall dar.[222] Denn: Beim Cloud Mining beteiligt man sich an einer Gesellschaft, die Krypto-Mining betreibt. Man ist also nicht selbstständig tätig und dadurch entsteht auch kein Gewerbebetrieb. Einkünfte, die man dadurch erzielt, gelten deshalb steuerlich als "sonstige Einkünfte". Diese müssen als Privatperson versteuert werden.[223]

Eine Besonderheit ist, dass Erlöse aus Krypto-Mining Geschäften nicht umsatzsteuerpflichtig sind. Es muss also keine Umsatzsteuer ausgewiesen werden; man kann aber auch gleichzeitig keine Vorsteuer geltend machen.

Werden beim Mining Gewinne erzielt, ist schließlich bei der steuerlichen Behandlung noch wissenswert, dass man gleichzeitig auch diverse Kosten von der Steuer absetzen kann, wie z. B. Anschaffungskosten für spezielle Miner Hardware oder einen Computer, den man überwiegend zum beruflichen Mining verwendet. Dies gilt auch für den Stromverbrauch bzw. für die Stromkosten, die beim Mining anfallen.[224]

---

220 Vgl. Sophia Merzbach - Accountable – Krypto-Mining und Steuern – das musst du beachten, https://www.accountable.de/blog/krypto-mining-steuern/ – abgerufen am 15.10.2024.

221 Vgl. Thomas Breit – Thomas Breit Steuerberatung – Krypto-Mining & Steuern: Vermeiden Sie diese 3 Fehler! https://www.steuerberatung-breit.de/krypto-mining-steuern/ – abgerufen am 15.10.2024.

222 Müller Blum Steuerberatungsgesellschaft mbH - Key Facts zur Besteuerung des Handels mit Kryptowährungen, https://muellerblum.de/key-facts-zur-besteuerung-des-handels-mit-kryptowaehrungen/ – abgerufen am 15.10.2024.

223 Vgl. Thomas Breit – Thomas Breit Steuerberatung – Krypto-Mining & Steuern: Vermeiden Sie diese 3 Fehler! https://www.steuerberatung-breit.de/krypto-mining-steuern/ – abgerufen am 15.10.2024.

224 Vgl. Sophia Merzbach - Accountable – Krypto-Mining und Steuern – das musst du beachten, https://www.accountable.de/blog/krypto-mining-steuern/ – abgerufen am 15.10.2024.

Vorsteuer und Umsatzsteuer
Die **Umsatzsteuer**, die ein Unternehmer beim Einkauf von Waren oder für die Inanspruchnahme von Dienstleistungen bezahlt, kann er mit der Umsatzsteuer, die er selbst eingenommen hat, um sie an das Finanzamt weiterzugeben, verrechnen. Die ihm in Rechnung gestellte Umsatzsteuer nennt man **Vorsteuer**.

Was bedeutet „etwas von der Steuer absetzen"?
Das **Absetzen** bedeutet, dass Ausgaben, die im Laufe des Jahres getätigt werden, vom zu versteuernden Einkommen abgezogen werden können. Dadurch wird die Steuerlast reduziert.

Laut vieler Marktbeobachter kommt das Mining von Kryptowährungen nun immer mehr im Mainstream an. Dadurch steigt auch die Anerkennung auf der Gesetzesebene. In den nächsten Jahren werden sicherlich mehr Vorschriften, Steuern und Beschränkungen auf das Mining zukommen.

Aber wie es aussieht, wird sich auch eine nachhaltige Industrie rund um das Mining entwickeln. Denn in den letzten Jahren waren die Schlagworte Nachhaltigkeit und Umweltfreundlichkeit überall in der Bitcoin-Mining-Branche zu lesen und zu hören.[225]

Hinweis: Gleichwohl stellt der Inhalt dieser Zusammenfassung keine Steuerberatung dar und kann die steuerliche Beratung im Einzelfall nicht ersetzen.

2.7 Kryptojacking

Durch bessere Rechentechniken und hochleistungsfähige Server, verbunden mit den rapiden Kursanstiegen der Kryptowährungen, kam auch Kryptoja-

225 Vgl. Savannah Fortis – Be in Crypto – Bitcoin-Mining: Eine Übersicht der Top 5 Standorte im Jahr 2022, https://de.beincrypto.com/bitcoin-mining-eine-uebersicht-der-top-5-standorte-im-jahr-2022/ – abgerufen am 15.10.2024.

cking (engl.: Cryptojacking) auf den Plan.[226] Der Begriff entstand analog zum Ausdruck „hijacking“, der eine gewaltsame Entführung bzw. Übernahme bezeichnet.

Unter der Bezeichnung Kryptojacking versteht man unerlaubtes Krypto-Mining durch Cyberkriminelle. Beim Kryptojacking wird im übertragenen Sinne ein Computer, Laptop oder ein Smartphone gekapert – nicht durch einen physischen Diebstahl des Gerätes, sondern durch einen Missbrauch der Strom- und Rechenleistung für das Schürfen von Kryptowährungen. Das wird ermöglicht, indem eine Schadsoftware (oder Schadprogramm) in das Betriebssystem des Smartphones oder Computers eindringt, ein digitaler Schädling.[227]

> Das deutlichste Anzeichen für Kryptojacking ist ein unerklärlicher Leistungsverlust. Die Geräte werden auf einmal sehr langsam, und man schürft unbewusst Kryptowährungen für andere. Opfer von Kryptojacking können sowohl Unternehmen als auch Privatpersonen sein.

Was sind Schadprogramme?
Die Begriffe **Schadprogramm oder Schadsoftware** (engl.: Malware) umfassen alle Arten von Computerprogrammen, die mit dem Ziel entwickelt wurden, Daten auszuspähen, Dritten unbefugten Zugriff auf IT-Systeme zu ermöglichen oder fremde Systeme über unterschiedlichste Kanäle zu infizieren.[228]

Sicherzustellen, dass die Antivirus-Software reibungslos funktioniert und auf dem neuesten Stand ist, ist daher ein guter Anfang. Die neuesten Vi-

---

226 Increase Your Skills – Kryptojacking – Goldgräberstimmung bei Cyberkriminellen oder veraltetes Angriffsszenario? https://increaseyourskills.com/blog-artikel/kryptojacking – abgerufen am 8.02.2022.

227 Krypto-X.BIZ – Krypto-Jacking: Vorsicht vor den digitalen Piraten und Parasiten! https://krypto-x.biz/2018/03/18/krypto-jacking-vorsicht-vor-den-digitalen-piraten-und-parasiten/ – abgerufen am 15.10.2024.

228 Verbraucherzentrale – Schadprogramme: Welche es gibt, was sie anrichten, wie Sie sich schützen, https://www.verbraucherzentrale.de/wissen/digitale-welt/apps-und-software/schadprogramme-welche-es-gibt-was-sie-anrichten-wie-sie-sich-schuetzen-68892 – abgerufen am 15.10.2024.

renprogramme erkennen in der Regel Kryptojacking-Schadsoftware.[229] Auf diese Weise kann man vorwiegend Datenverlust oder finanzielle Schäden vermeiden. Zwar gibt es auch eine kostenlose Antivirus-Software, finanziert wird sie aber durch Werbung und Nachverfolgung des Nutzerverhaltens und manchmal durch das Installieren von PUP-Software ("potentiell unerwünschte Programme", auch bekannt als "Junkware").[230] Abgesehen von der Kaufsumme bieten kostenpflichtige Antivirus-Programme dagegen eine Vielzahl an Vorteilen.

2.8 Die Top Länder beim Bitcoin-Mining

Bitcoin wird weltweit geschürft. Entsprechend herrscht im Bitcoin-Mining Umfeld ein sehr großer internationaler Konkurrenzkampf.[231] Das Bitcoin-Mining spielt sich vorwiegend in den USA, in Russland oder im benachbarten Kasachstan ab (Stand August 2022). Das zeigt die bereits beschriebene Hashrate (Rechenleistung im Bitcoin-Netzwerk).

Für einen dauerhaften Betrieb von Bitcoin-Mining sind bestimmte Standortfaktoren zu beachten. Hierzu zählen unter anderem:

- die Hardware-Preise,
- die Regulierungen in den einzelnen Ländern,
- dic politische (In-)Stabilität,
- Orte mit umweltfreundlichen oder nachhaltigen Lösungen für ein attraktives Umfeld für zukunftsfähiges Bitcoin-Mining sowie
- die generelle Frage danach, wie man zu Kryptowährungen steht.
- Die Wahl des Standortes hängt aber vor allem vom Strompreis ab.

Weil für das Mining nun bekanntermaßen sehr viel Rechenleistung nötig ist, haben Kryptowährungen einen großen Energiehunger. In China verbot die Zentralbank im Juni 2021 das Schürfen von Bitcoin – offiziell wegen

229 Krypto-X.BIZ – Krypto-Jacking: Vorsicht vor den digitalen Piraten und Parasiten! https://krypto-x.biz/2018/03/18/krypto-jacking-vorsicht-vor-den-digitalen-piraten-und-parasiten/ – abgerufen am 15.10.2024.

230 Norton – Was ist Antivirus-Software und wozu brauche ich sie? https://de.norton.com/blog/malware/what-is-antivirus-and-do-i-need-it#:~:text=Antivirus%2DSoftware%20bietet%20Schutz%20vor,der%20von%20Ihnen%20getroffenen%20Auswahl – abgerufen am 15.10.2024.

231 Vgl. Save your Bitcoins – Was ist mining – Kryptowährungen, https://www.save-your-bitcoins.com/Was-ist-mining-gt-Kryptowaehrungen_1 – abgerufen am 15.10.2024.

Umweltbedenken. Trotzdem arbeiten weiterhin einige Miner illegal im Land, und es zählt immer noch zu den Top-Standorten in der Industrie.

> Im EU-Raum befindet sich wegen der steigenden Strompreise kein relevanter Mining Standort.[232] Zwar galt der Kosovo lange Zeit als attraktiver Standort für Krypto Miner, doch mit Verweis auf die Energiekrise im Land hat die Regierung das Schürfen von Kryptowährungen vorübergehend verboten[233]. In Europa haben sowohl Deutschland als auch Irland die höchste Hashrate. Diese Länder sind nach wie vor führende Mining-Standorte.[234]

232 Vgl. Dominic Döllel – BTC Echo – So rentabel ist das Bitcoin-Mining, https://www.btc-echo.de/news/so-rentabel-ist-das-bitcoin-mining-148747/ – abgerufen am 15.10.2024.

233 Vgl. Heise Online – Energiekrisen erzwingen Kryptomining-Verbot im Kosovo und Iran, https://www.heise.de/news/Energiekrisen-erzwingen-Kryptominig-Verbot-im-Kosovo-und-Iran-6318123.html – abgerufen am 15.10.2024.

234 Vgl. Savannah Fortis – Be in crypto – Bitcoin-Mining: Eine Übersicht der Top 5 Standorte im Jahr 2022, https://de.beincrypto.com/bitcoin-mining-eine-uebersicht-der-top-5-standorte-im-jahr-2022/ – abgerufen am 15.10.2024.

3 Krypto Wallet

3.1 Aufbewahrung und Zugang

Zunächst sei Folgendes bemerkt: Digitale Münzen wie z. B. „echte“ Bitcoins können – entgegen der weitverbreiteten Meinung – weder gespeichert noch wie ein physisches Objekt – beispielsweise wie Fiatgeld – aufbewahrt werden. Man kann sie auch nicht auf einen USB-Stick herunterladen. Bitcoins existieren nirgendwo, nicht mal auf einer Festplatte. Zwar spricht man davon, dass jemand Bitcoins besitzt, doch eigentlich gibt es sie nicht.

Bitcoins existieren weder als Gegenstand noch als Datei.[235]

Stattdessen gibt es Aufzeichnungen über Transaktionen zwischen verschiedenen Wallet-Adressen mit Guthaben, die sich entweder erhöht oder verringert haben. Jede Transaktion, die jemals ausgeführt wurde, wird in dem bereits beschriebenen öffentlichen Register (Ledger) namens Blockchain gespeichert.[236]

Wenn man also davon spricht, Bitcoin aufzubewahren, wird (technisch gesehen) in Wirklichkeit nicht die Kryptowährung an sich gespeichert, sondern der bereits erwähnte Private Key (privater Sicherheitsschlüssel) bzw. der Schlüssel zu den Bitcoins.

Um also beispielsweise gekaufte Bitcoins zu speichern oder die erschürften Gewinne aus dem Mining oder aus dem Staking zu transferieren, ist neben der passenden Hard- und Software noch ein so genanntes Krypto Wallet, eine Art digitale oder virtuelle Geldbörse, erforderlich,[237] in der die digitalen Schlüssel aufbewahrt werden und die es einem Benutzer ermöglicht, auf seine Kryptowährung zuzugreifen. Ebenso werden die Informationen für die Überprüfung und Bestätigung einer Transaktion als digitale Schlüssel in

---

235 Vgl. Markus Schmidt-Ott - Finanzfluss – Bitcoin sicher aufbewahren, https://www.finanzfluss.de/bitcoin-handbuch/bitcoin-sicher-aufbewahren/ – abgerufen am 15.10.2024.

236 Vgl. BTC Echo – Bitcoin-Transaktion, https://www.btc-echo.de/academy/bibliothek/bitcoin-transaktion/ – abgerufen am 15.10.2024.

237 Dr. Johannes Christoph - Hardware Mining – Alles über Mining-Software, https://hardware-mining.de/alles-ueber-mining-software-deutsch/ – abgerufen am 15.10.2024.

einem Wallet aufbewahrt.[238] Umgangssprachlich kann gleichwohl davon die Rede sein, dass in der Wallet Coins gespeichert werden. Auf die Bezeichnung „echte“ Bitcoins wird später noch näher eingegangen,

Theoretisch reicht es aus, einen Key lediglich (offline) in einer Datei zu speichern oder auf ein Blatt Papier zu schreiben. In der Praxis ist dies aber in der Handhabung unpraktisch. Ein Wallet ist dagegen eine Software, die mit einigen Features (Merkmalen) ausgestattet ist und besser zu handhaben ist. Auch kann man über ein Wallet Bitcoins senden und empfangen.[239] Weitere Details zur Speicherung und Aufbewahrung von Keys folgen weiter unten.

Ein Wallet muss aktiv eingerichtet sein, sobald man die Bitcoin-Mining-Software verwenden möchte, um dann auch beispielsweise die ersten erschürften Gewinne transferieren zu können.[240] Der Private Key wird wiederum beim Erstellen eines Wallets über dessen Software automatisch online generiert.[241] Auch können die Zugangsschlüssel über ein spezielles Programm (Paper Wallet Generator) offline, also ohne jemals eine Verbindung zum Internet herstellen zu müssen, generiert und erstellt werden.[242]

In der Praxis ist dies aber unvorteilhaft, erfordert viel technisches Wissen und ist besonders fehleranfällig.[243]

Sollte der Private Key offline generiert und erstellt werden, sollte der zuvor angedeutete Paper Wallet Generator vom Internet getrennt sein, um sicherzustellen, dass keine Schlüssel nach außen gesendet werden und der Generator eigenständig handelt. Dadurch sinkt das Risiko, dass unbefugte Dritte an die Schlüssel gelangen. Am sichersten ist es jedoch, wenn hierfür ein neuer Computer verwendet wird, der nicht über eine

238 Alexander Kant – Netzwelt – Kryptowährung: Wie funktionieren die Wallets für digitale Währungen? https://www.netzwelt.de/kryptowaehrung/index/funktionieren-wallets-digitale-waehrungen/index.html – abgerufen am 15.10.2024.

239 Vgl. Markus Schmidt-Ott - Finanzfluss – Wie funktioniert eine Wallet? https://www.finanzfluss.de/bitcoin-handbuch/wie-funktioniert-eine-wallet/ – abgerufen am 15.10.2024.

240 Dr. Johannes Christoph - Hardware Mining – Alles über Mining-Software, https://hardware-mining.de/alles-ueber-mining-software-deutsch/ – abgerufen am 15.10.2024.

241 Krypto Guru – Was ist ein Private Key? https://krypto-guru.de/private-key/ – abgerufen am 15.10.2024.

242 Vgl. Flo Krause – Blockchainwelt – Erstellung und Sicherung eines Paper Wallets: Ein Leitfaden, https://blockchainwelt.de/paper-wallet-erstellen-sichern-aufbewahren/ – abgerufen am 15.10.2024.

243 Vgl. Markus Schmidt-Ott - Finanzfluss – Wie funktioniert eine Wallet? https://www.finanzfluss.de/bitcoin-handbuch/wie-funktioniert-eine-wallet/ – abgerufen am 15.10.2024.

Internetverbindung verfügt.[244] Das Thema Sicherheit wird noch explizit im Kapitel „Speichermethoden und Arten von Wallets“ zum Gegenstand.

Wir wissen jetzt:

- Die Bitcoins oder Kryptowährungen werden nicht tatsächlich in einer Wallet gespeichert, sondern sind lediglich ein Speicherort[245] für kryptographische Zugangsschlüssel (Private Keys), der in der Regel aus einer Kombination aus Buchstaben und Zahlen besteht, die zu ihnen führen.[246]
- Jede Kryptowährung ist mit einer Blockchain verknüpft, bzw. die Kryptowährungen liegen immer auf der vorher beschriebenen Blockchain.[247]
- Mit den Zugangsschlüsseln interagiert die Wallet entsprechend mit der Blockchain[248] und zeigt auf die Blockchain, wo sich die Kryptowährungen befinden. Auf diese Weise hat man dann Zugang zum Guthaben. Eine Art Wegweiser zum eigenen Kontostand auf der Blockchain also.[249]
- Wer einen Bitcoin von A nach B verschickt, nimmt entsprechend eine Veränderung an der Blockchain vor.[250]

Zu einem Private Key (privater Schlüssel) gehören ein Public Key (öffentlicher Schlüssel) und eine Wallet-Adresse (Public Address).[251] In diesem Sinne

---

244 Vgl. Patrick Heintz - Coinratgeber - Bitcoin Paper Wallet Guide, https://coin-ratgeber.de/bitcoin-paper-wallet-guide/, – abgerufen am 15.10.2024.

245 Maren Keller – PC Spezialist – Digitale Währung massenhaft gestohlen, https://www.pcspezialist.de/blog/2019/04/30/digitale-waehrung/ – abgerufen am 15.10.2024.

246 Asktraders – Krypto Wallets: Sichere Speicherung von Bitcoin und Co., https://www.asktraders.com/de/traden- lernen/trading-ratgeber/was-ist-wallet/ – abgerufen am 15.10.2024.

247 Testsieger Konto – Wallets für Kryptowährungen: So sicherst du deine Bitcoins und Co., https://www.testsieger-konto.de/blockchain/kryptohandel/wallet/ – abgerufen am 15.10.2024.

248 Bitpanda – Was ist eine Wallet und wo bekomme ich eine? https://www.bitpanda.com/academy/de/lektionen/was- ist-eine-wallet-und-wo-bekomme-ich-eine/ – abgerufen am 15.10.2024.

249 Vgl. Kai Schiller – Blockchainwelt – Was ist ein Private Key? Der private Bitcoin und Altcoin Schlüssel, https://blockchainwelt.de/private-key-bitcoin-verschluesselung/#:~:text=%E2%80%9EEin%20Private%20Key%20(privater%20Schl%C3%BCssel,%E2%80%9C – abgerufen am 15.10.2024.

250 Vgl. Markus Schmidt-Ott - Finanzfluss – Bitcoin sicher aufbewahren, https://www.finanzfluss.de/bitcoin-handbuch/bitcoin-sicher-aufbewahren/ – abgerufen am 15.10.2024.

251 Vgl. Markus Schmidt-Ott - Finanzfluss – Wie funktioniert eine Wallet? https://www.finanzfluss.de/bitcoin-handbuch/wie-funktioniert-eine-wallet/ – abgerufen am 15.10.2024.

kann eine Wallet auch als eine Art digitaler Schlüsselbund gesehen werden, an dem alle Keys für die Transaktionen befestigt sind.

Der **Public Key** ist sehr gut mit der IBAN eines Bankkontos vergleichbar.[252] Er darf, wie der Name schon sagt, öffentlich (engl.: public) sein und darf öffentlich bekannt gemacht werden. Er kann also an andere Personen, wie z. B. einem Zahlungspflichtigen, weitergegeben werden. Mit ihr können Kryptowährungen empfangen und auch gesendet werden.[253]

Der Private Key ist im Gegensatz zum Public Key auf jeden Fall geheim zu halten (engl.: private = privat).

Der **Private Key** ist im Prinzip mit einer PIN bzw. TAN beim Online-Banking vergleichbar. Er wird immer dann benötigt, wenn man von seinem Wallet aus Kryptowährungen versenden möchte.[254] Mit ihr wird beispielsweise eine Bitcoin-Transaktion authentifiziert, die Richtigkeit also festgestellt. Entsprechend verschafft der Private Key Zugriff auf das Krypto Wallet bzw. auf die kryptobasierten Vermögenswerte.[255]

Wer den Private Key besitzt, ist ebenso Besitzer der dazugehörigen Bitcoins auf der Blockchain. Damit macht der Private Key die Bitcoins auch zum

252 Bitpanda – Was sind Public Keys, Private Keys und Wallet Adressen? https://www.bitpanda.com/academy/de/lektionen/was-sind-public-keys-private-keys-und-wallet-adressen/ – abgerufen am 15.10.2024.

253 Coinbase – was ist ein privater Schlüssel, https://www.coinbase.com/de/learn/crypto-basics/what-is-a-private-key#:~:text=Ein%20privater%20Schl%C3%BCssel%20ist%20vergleichbar,zugreifen%20und%20es%20verwalten%20k%C3%B6nnen. – abgerufen am 15.10.2024.

254 Bitpanda – Was sind Public Keys, Private Keys und Wallet Adressen? https://www.bitpanda.com/academy/de/lektionen/was-sind-public-keys-private-keys-und-wallet-adressen/ – abgerufen am 15.10.2024.

255 Vgl. Pau- Coin Pro - Public und Private Key beim Wallet für Kryptowährungen, https://www.coinpro.ch/wissen/public-und-privat-key-beim-wallet-fuer-kryptowaehrungen/#:~:text=Der%20Private%20Key%20ist%20im,Wallet%20aus%20Coins%20versenden%20m%C3%B6chten – abgerufen am 15.10.2024.

Eigentum, denn nur er ermöglicht es, Bitcoins in andere Wallets zu transferieren.[256]

Der Verlust der Keys einer Wallet stellt generell ein großes Problem dar, da man nicht mehr auf sein Wallet zugreifen kann. Wenn die Keys gestohlen werden, hat eine andere Person Zugriff auf die Kryptowährungen.[257] Ein beliebter Spruch in der Kryptoszene fasst das Problem gut zusammen:

> "Not your keys, not your coins." Also zu Deutsch etwa „Nicht deine Schlüssel, nicht deine Münzen“.[258]

Entsprechend ist die Weise, wie man den privaten Schlüssel aufbewahrt, sehr entscheidend für die Sicherheit der Kryptowährungen.

Auch empfiehlt es sich, immer eine Sicherheitskopie (Backup) der privaten Schlüssel zu erstellen und einen sicheren Ort zur Aufbewahrung zu wählen. Je mehr Backups man an verschiedenen, sicheren Orten hat, desto geringer ist die Wahrscheinlichkeit, die Kontrolle über die privaten Schlüssel zu verlieren.

Mithilfe komplizierter mathematischer Berechnungen wird der öffentliche Schlüssel tatsächlich aus dem privaten Schlüssel generiert; sie sind daher ein zusammengehöriges Paar. Wenn man eine Transaktion mit seinem Public Key durchführt, bestätigt man seine Identität durch die Verwendung seines Private Keys. Theoretisch reichen daher der Public Key und der Private Key aus, um beispielsweise Bitcoin-Transaktionen vorzunehmen.

Zwar ist der Public Key die Adresse einer Wallet und darf öffentlich sein, wird aber – um noch eine weitere Sicherheitsstufe zu erhalten – in der Regel nicht verwendet, sondern als weitere Sicherheit "gehasht". Das bedeutet, dass der Public Key noch einmal eine mathematische Funktion durchläuft, die wiederum eine Einwegfunktion mit einem eindeutigen Ergebnis ist. So ist es für eine Bitcoin-Transaktion nicht einmal nötig, den Public Key zu kennen oder weiterzugeben. Anstatt des Public Keys wird dann die Public

---

256 Vgl. Markus Schmidt-Ott - Finanzfluss – Wie funktioniert eine Wallet? https://www.finanzfluss.de/bitcoin-handbuch/wie-funktioniert-eine- wallet/ – abgerufen am 15.10.2024.

257 Bitpanda – Was ist eine Wallet und wo bekomme ich eine? https://www.bitpanda.com/academy/de/lektionen/was- ist-eine-wallet-und-wo-bekomme-ich-eine/ – abgerufen am 15.10.2024.

258 Vgl. Saskia Littmann - Wirtschaftswoche – Nach dem Crash folgt das Allzeithoch, https://www.wiwo.de/finanzen/geldanlage/kryptowaehrungen-nach-dem-crash-folgt-das-allzeithoch/28426314.html – abgerufen am 15.10.2024.

Address als Wallet-Adresse verwendet. Sie dient somit als Empfangsadresse und kann ähnlich wie eine Kontonummer bzw. wie eine IBAN genutzt werden, um Transaktionen dorthin zu adressieren.[259]

Entsprechend ist eine Wallet-Adresse dann die Adresse, die man verwenden muss, wenn man Einzahlungen in die Wallet vornehmen möchte. Es handelt sich zudem um diejenige Adresse, die man an Dritte weiterleiten muss, wenn diese Personen Anlagen an den Nutzer überweisen möchten.[260]

Was ist eine Einwegfunktion?
Eine **Einwegfunktion** (engl.: one way function) ist eine Funktion, die einfach zu berechnen, aber sehr schwer umkehrbar ist.[261] Um sich eine solche Einwegfunktion besser vorstellen zu können, kann man dies – stark vereinfacht – mit einem Telefonbuch vergleichen: Kennt man den Namen, findet man dort leicht die Telefonnummer. Kennt man jedoch nur die Telefonnummer, ist es um ein Vielfaches aufwändiger, alle Einträge einzeln zu durchsuchen, um den Namen zu finden.

Nachdem beispielsweise eine Bitcoin-Transaktion erfolgreich durchgeführt wurde, zeichnet das dezentrale Transaktionsprotokoll (die Blockchain) die Adressen des Senders und des Empfängers sowie den Bitcoin-Betrag[262] permanent und unumkehrbar auf, die dadurch stets in einem bestimmten Blockchain-Block oder – genauer gesagt – in einer bestimmten Blocknummer liegen. D. h. dann auch im Umkehrschluss, dass nicht von Anfang an alle Adressen in der Blockchain liegen. Diese werden erst dann in der Blockchain aufgezeichnet, wenn man die erste Transaktion mit einer Adresse auslöst. Vorher können beliebig viele Adressen generiert werden. Dass eine Adresse generiert wird, die bereits existiert, ist so gut wie unmöglich. Mathematisch

259 Vgl. Markus Schmidt-Ott - Finanzfluss – Wie funktioniert eine Wallet? https://www.finanzfluss.de/bitcoin-handbuch/wie-funktioniert-eine-wallet/ – abgerufen am 15.10.2024.

260 Vgl. Online PC - Teil 1: Diese Begriffe rund um den Bitcoin solltet ihr kennen, https://www.onlinepc.ch/business/fintech/teil-1-begriffe-um-bitcoin-solltet-kennen-1535334.html – abgerufen am 15.10.2024.

261 Vgl. Oliver Kuhlmann - Kryptografie.de – Einwegfunktion, https://kryptografie.de/kryptografie/einwegfunktion.htm – abgerufen am 15.10.2024.

262 Vgl. Julia Vasile – Beincrypto – So kannst du Bitcoin anonym kaufen – BTC ohne KYC, https://de.beincrypto.com/lernen/bitcoin-kaufen-anonym/ – abgerufen am 15.10.2024.

gibt es extrem viele Möglichkeiten von Adressen, dass man so viele generieren kann, wie man will. Und dennoch kann man sich recht sicher sein, dass es niemanden gibt der dieselben Adressen mit dem gleichen Public und Private Key ebenfalls generiert hat.

> **Noch ein wichtiger Hinweis:**
> Jede Art von Kryptowährung hat ihr eigenes Adresssystem.[263] Eine Wallet-Adresse, die mit einer bestimmten digitalen Anlage (etwa Bitcoin) verknüpft ist, akzeptiert keine Einzahlungen anderer digitaler Anlagen (etwa Ethereum). Wenn jemand Bitcoins senden möchte, muss der Empfänger also zunächst sicherstellen, dass er über eine Bitcoin-Wallet-Adresse verfügt. Möchte er selbst einer anderen Person Bitcoins zukommen lassen, sollte er ebenfalls sicherstellen, dass diese Personen ihm eine Bitcoin-Wallet-Adresse angegeben haben. Wenn er Bitcoins an eine Ethereum-Wallet-Adresse sendet, sind diese Bitcoins für immer verloren.[264] Schließlich ist Bitcoin nur an Bitcoin-Adressen und Ethereum nur an Ethereum-Adressen zu verschicken.

Dasselbe gilt für den Fall, wenn man die Coins an die falsche Adresse versendet, die dann ebenso für immer weg sind.[265]

> Überweisungen von Kryptowährungen können nicht rückgängig gemacht werden![266]

Wir wissen bereits, dass in jedem Blockchain-Block Daten von Bitcoin-Transaktionen enthalten sind, die jeweils zu einer bestimmten Block-

---

263 Coinbase – So versenden Sie Kryptowährungen, https://www.coinbase.com/de/learn/tips-and-tutorials/how-to-send-crypto – abgerufen am 15.10.2024.

264 Vgl. Online PC - Teil 1: Diese Begriffe rund um den Bitcoin solltet ihr kennen, https://www.onlinepc.ch/business/fintech/teil-1-begriffe-um-bitcoin-solltet-kennen-1535334.html – abgerufen am 15.10.2024.

265 Vgl. Martin Schwarz - Coincierge – Bitcoin Wallet Vergleich: alles, was man über Bitcoin Wallets wissen muss & beste Wallets 2024, https://coincierge.de/wallets/ – abgerufen am 15.10.2024.

266 Vgl. Bitcoin - Wie kann ich Bitcoins oder andere Kryptowährungen von meinem Wallet bei bitcoin.de an andere Wallets transferieren? https://www.bitcoin.de/de/faq/wie-kann-ich-bitcoins-von-meinem-wallet-an-andere-wallets-transferieren/152.html – abgerufen am 15.10.2024.

nummer gehören. Damit sind die Transaktionen auch bis zu einem gewissen Grad anonym.

Für eine Transaktion muss **kein Name** und auch keine anderen persönlichen Informationen angegeben werden. Die Wallet-Adresse reicht vollkommen aus.

Gleichwohl ist folgendes zu bedenken: Jedes Mal, wenn Nutzer ihre bestehende Wallet-Adresse weitergeben, erhöht sich die Wahrscheinlichkeit dahingehend, dass jemand die Identität mit einem in Verbindung bringt.[267] Anders ausgedrückt: Verwendet jemand immer wieder dieselbe Adresse, um Coins zu senden und zu empfangen, ist es in diesem Fall für jeden relativ einfach nachzuvollziehen, dass alle diese Transaktionen von einer Person ausgeführt wurden.[268] Wenn jemand die Identität mit der Adresse verknüpft, kann man wie gesagt alle Bitcoin-Transaktionen mit dieser Person in Verbindung bringen.

Daher wird empfohlen für jede Transaktion eine neue Wallet-Adresse zu generieren und zu verwenden, um die Privatsphäre zu erhöhen.[269] Auch können Anleger grundsätzlich beliebig viele Wallets erwerben.

Um zudem die Sicherheit im Bitcoin Handel zu erhöhen, ist es empfehlenswert, Geld in mehreren Wallets anzulegen. Es ist also nicht notwendig, z. B. alle Bitcoins über ein einziges Wallet zu handeln. Dabei sollte vor allem die Überlegung anstehen, für welchen Zweck man mit dem Bitcoin handeln möchten. Man möchte auf jeden Fall das Wallet trennen, mit dem man beispielsweise Vermögen aufbauen will, von einem „Alltags-Wallet“,

267 Bundesweite Finanzberatung – Sind Bitcoin-Transaktionen rückverfolgbar? https://www.bundesweitefinanzberatung.de/nachrichten/ansicht/sind-bitcoin-transaktionen-rueckverfolgbar-15878/ – abgerufen am 15.10.2024.

268 BTC Direct – Ist Bitcoin anonym? https://btcdirect.eu/de-at/ist-bitcoin-anonym#:~:text=Wenn%20Sie%20sich%20die%20Blockchain,ist%20jedoch%20nicht%20vollst%C3%A4ndig%20anonym.&text=Eine%20Bitcoin%2DEmpfangsadresse%20ist%20Ihrem%20pers%C3%B6nlichen%20Bankkonto%20sehr%20%C3%A4hnlich. – abgerufen am 15.10.2024.

269 N26 – Bitcoin | Wie funktionieren Private und Public Keys? https://n26.com/de-de/blog/private-key – abgerufen am 10.08.2022.

das man z. B. auf dem Smartphone verwaltet, um Kauftransaktionen durchzuführen.[270]

> **Bitcoin Wallet, Private Key, Public Key. Eine Veranschaulichung:**
> Stellt man sich beispielsweise alle Bitcoin Wallets wie Türschlösser von Hauseingängen vor, entspräche der Public Key (öffentliche Schlüssel) dem Türschloss, während der Private Key (privater Schlüssel) dem Schlüssel entspricht, mit dem das Türschloss aufgeschlossen und geöffnet werden kann und dann Zugang zum Haus erhalten.
> Jeder kann quasi von draußen an die Haustür herantreten und durch das Schlüsselloch durchsehen und sieht, was drin ist, doch rein kommt man aber in das Haus nicht. Es fehlt einem der Schlüssel hierzu und der Schlüssel dafür ist der Private Key. Und nur mit diesem Private Key hat man Zugang zum jeweiligen Haus.

Dasselbe gilt auch für das Guthaben in einer Wallet, was ja eben das Guthaben auf der Blockchain ist. Man hat nur mit diesem privaten Schlüssel Zugang zu diesem Guthaben. Nur wer den privaten Schlüssel zu dieser Adresse hat, der kann, wie schon gesagt auch das digitale Geld bzw. das Guthaben, das darauf ist, bewegen und verwalten, sonst kann das niemand. Ohne privaten Schlüssel ist es unmöglich auf das Guthaben zuzugreifen und es zu bewegen.

> **Warum ist eigentlich die „Tür“ durchsichtig bzw. wieso lässt sich denn durch das Schlüsselloch hindurchgucken?**
> Es ist so, dass – entgegen der Meinung vieler Menschen, die Bitcoin nur vom Hörensagen kennen – eine Blockchain und somit das Konstrukt “Bitcoin” nicht zwingend anonym und intransparent, sondern pseudonym und extrem transparent ist. Krypto Blockchains zeichnen sich unter anderem durch ihre Offenheit aus. Wie schon beschrieben, sind alle öffentlichen Schlüssel (Public Keys) und Transaktionsdaten öffentlich einsehbar.

270 Vgl. Martin Schwarz - Coincierge – Bitcoin Wallet Vergleich: alles, was man über Bitcoin Wallets wissen muss & beste Wallets 2024, https://coincierge.de/wallets/ – abgerufen am 15.10.2024.

Jeder kann also öffentlich einsehen, wie viele Bitcoin auf welcher Adresse liegen, aber herausnehmen kann man sie eben nicht. Dies ist nur mit dem Private Key möglich.[271]

Anonym/Pseudonym. Der Unterschied:
Anonymität bedeutet, dass keine Möglichkeit besteht, die reale Person zurückzuverfolgen. Beim **Pseudonym** hingegen legt man sich etwa einen „Kunstnamen" zu bzw. im Kontext von Kryptohandel eine „Empfangsadresse", was die Identifizierung der eigentlichen Identität erschwert.[272]

Zwar bestehen die Adressen der Bitcoin Wallets aus einem kryptografisch verschlüsselten Code, der an sich keinerlei Hinweis auf die Person zulässt, die sich dahinter verbirgt, aber anstatt einen Nutzer mit seinem Namen zu nennen, erhält man von der Wallet verschlüsselte Buchstaben und Zahlen.[273] Problematisch ist allerdings der Umstand, dass man die Kryptowährung zunächst irgendwo kaufen muss, wie etwa an einer Kryptobörse – auch Exchange genannt.[274]

Eine **Kryptobörse** ist eine digitale Handelsplattform, auf der Käufer sowie Verkäufer zusammenkommen oder noch genauer formuliert, auf der sich Kryptowährungen kaufen, verkaufen und tauschen las-

271 Vgl. Blocktrainer – „Was sind Private & Public Keys? Und public Adresses?" https://www.blocktrainer.de/wissen/blocktrainer-1x1/was-sind-private-public-keys-und-public-addresses/#:~:text=Du%20kannst%20dir%20eine%20Bitcoinadresse,dem%20Fach%20herauszunehmen%20und%20auszugeben – abgerufen am 15.10.2024.

272 Vgl. RA Robin Nocon – Anwalt.de – Bitcoin & Co. – Kryptowährungen sind alles, nur nicht anonym! https://www.anwalt.de/rechtstipps/bitcoin-und-co-kryptowaehrungen-sind-alles-nur-nicht-anonym-195107.html – abgerufen am 15.10.2024.

273 Vgl. Quotenmeter – Wie man Bitcoin anonym macht, https://www.quotenmeter.de/n/145245/wie-man-bitcoin-anonym-macht – abgerufen am 15.10.2024.

274 Block Builders GmbH – Exchanges und Kryptobörsen Vergleich, https://block-builders.de/vergleiche/exchanges-kryptoboersen-vergleich/ – abgerufen am 15.10.2024.

sen.[275] Bei der Registrierung wird dann in der Regel eine KYC-Verifizierung (Identitätsprüfung) durchgeführt.

Folglich fordern Kryptobörsen die Nutzer dazu auf, ein beliebiges Dokument wie einen von der Regierung ausgestellten Ausweis, einen Führerschein oder einen Reisepass vorzulegen, um die Identität des Nutzers nachzuweisen und sich später zu verifizieren (Identverfahren). In Kombination mit den Wallet-Adressen lassen sich somit theoretisch auch die Nutzer zurückverfolgen.[276] Daher ist der Bitcoin genau genommen auch nicht anonym, sondern pseudonym.[277]

Es sei an dieser Stelle nur erwähnt, dass es durchaus Methoden gibt, mit denen man die oben umrissenen Sicherheitsvorkehrungen umgehen[278] oder auch alternative Kryptowährungen verwenden kann, die ihre eigenen Technologien und Techniken benutzen, die teuer und technisch aufwändig sind, um die Transaktionen zu verschleiern, und die Personen dahinter zu schützen bzw. um die Anonymität tatsächlich zu wahren.[279]

3.2 Speichermethoden und Arten von Wallets

Die digitale Geldbörse soll aber nicht nur Kryptowährungen, bzw. die Zugangsschlüssel speichern und die Wege der virtuellen Währungseinheiten

---

275 Handelsblatt – Kryptowährungen kaufen 2024: Wie und wo können Anleger Kryptos günstig erwerben? https://www.handelsblatt.com/kryptowaehrung/ – abgerufen am 15.10.2024.

276 Vgl. Cryptoeinfach – Anonym bezahlen: So geht es wirklich! https://cryptoeinfach.de/anonym-bezahlen-mit-kryptos/ – abgerufen am 15.10.2024.

277 Bison – Bitcoin ist nicht anonym, sondern pseudonym, https://bisonapp.com/blog/bitcoin-nicht-anonym-sondern-pseudonym/ – abgerufen am 15.10.2024.

278 Vgl. Quotenmeter – Wie man Bitcoin anonym macht, https://www.quotenmeter.de/n/145245/wie-man-bitcoin-anonym-macht – abgerufen am 15.10.2024.

279 Vgl. Sören Imöhl - Wirtschaftswoche – Was ist eine Wallet und wo bekommt man sie? https://www.wiwo.de/technologie/digitalisierung-der-wirtschaft/kryptowaehrungen-selbst-verwahren-was-ist-eine-krypto-wallet-und-wo-bekomme-ich-eine/27794496.html#:~:text=Wie%20bekomme%20ich%20eine%20Wallet,und%20nicht%20beim%20Nutzer%20selbst – abgerufen am 15.10.2024.

nachvollziehbar machen, sondern auch Schutz vor kriminellen Hackern bieten.[280]

> **Hacker** sind technisch versierte Personen im Hardware- und Softwareumfeld. Sie finden Schwachstellen von Systemen, um auf sie aufmerksam zu machen oder sie für bestimmte Zwecke wie unbefugtes Eindringen oder zur Veränderung von Funktionen zu nutzen, oder Daten zu stehlen bzw. zu manipulieren.

Bei der Eigenverwahrung der Zugangsschlüssel ist man quasi seine „eigene Bank". Die eigene Bank zu sein, bedeutet auch, hohe Sicherheitsvorkehrungen zu treffen, wodurch Gefahren vermindert werden können, die auch reale Banken bedrohen.

Bei der Wahl der Speichermethode von Kryptowährungen gibt es verschiedene Möglichkeiten zwischen Wallets zu unterscheiden, die Miner oder Krypto-Anleger wählen können: Es gibt z. B. Software-, Paper- und Hardware Wallets, Hot und Cold Wallets oder Custodial und Non Custodial Wallets, die hinsichtlich des Sicherheitsstandards, der Anonymität sowie bei der Benutzerfreundlichkeit verschiedene Ansätze verfolgen und sich dadurch für unterschiedliche Anlegertypen eignen.[281]

In den nachfolgenden Abschnitten werden die verschiedenen Arten von Wallets ausführlich dargestellt und erläutert:

- Hot Wallet
- Cold Wallet
- Hardware Wallet
- Web-/Online Wallet
- Cloud Wallet

---

280 Vgl. Florian Maier – Computerwoche – So sind Ihre Bitcoins sicher, https://www.computerwoche.de/a/so-sind-ihre- bitcoins-sicher,3544463 – abgerufen am 15.10.2024.

281 Vgl. Online PC - Teil 1: Diese Begriffe rund um den Bitcoin solltet ihr kennen, https://www.onlinepc.ch/business/fintech/teil-1-begriffe-um-bitcoin-solltet-kennen-1535334.html – abgerufen am 15.10.2024.

Hot Wallet

Wie zuvor angedeutet, existieren verschiedene Arten von Krypto Wallets, wozu auch Software Wallets gehören. Eine Software Wallet kann dabei sehr unterschiedliche Formen annehmen: Von Web-Varianten (Web Wallet), über Desktop und Mobile Wallets herrscht eine große Auswahl[282]. Die meisten Software Wallets sind Hot Wallets, auch „Hot Storage“[283] genannt, weil diese meistens auf Geräten installiert wurden, die an einer dauerhaften Internetverbindung hängen und der Internetzugang für den vollen Funktionsumfang notwendig ist.[284]

Hot Wallets (oder Software Wallets) sind die am häufigsten verwendete Form von digitalen Portemonnaies.[285] Sie basieren auf einer Software und sind als App- oder Desktop-Variante auf dem Smartphone (App Wallet, Smartphone Wallet oder auch Mobile Wallet[286]) bzw. auf dem Computer (Desktop Wallet) verfügbar. Demnach existieren Mobile Wallets in Form einer App auf dem Smartphone[287] oder auf dem Tablet[288]. Hier ergibt sich der Vorteil, dass das Mobile Wallet unterwegs überall dabei ist.

Ähnlich funktioniert die Desktop Wallet. Hier wird die Software jedoch auf dem PC, genauer gesagt auf der Festplatte installiert. Der Vorteil der Desktop Wallets besteht im größeren Funktionsumfang der Software im Vergleich zu einer App.[289]

Bei einem Desktop Wallet und einem Mobile Wallet ist kein Kauf von spezieller Hardware nötig. Um ein Mobile Wallet und ein Desktop Wallet nutzen zu können, müssen die Wallet-Inhaber zunächst eine Software herunterladen und sie auf dem heimischen PC installieren bzw. eine entsprechende

282 Vgl. BTC Echo - Private Keys, https://www.btc-echo.de/academy/bibliothek/private-key/ – abgerufen am 15.10.2024.

283 Vgl. Coinmarketcap - Hot Storage, https://coinmarketcap.com/academy/de/glossary/hot-storage – abgerufen am 15.10.2024.

284 Vgl. Blocktrainer – Was ist eine Wallet? https://www.blocktrainer.de/blocktrainer-1x1/was-ist-eine-wallet/ – abgerufen am 15.10.2024.

285 Vgl. Coinmerce - Hot Wallet vs Cold Wallet, https://coinmerce.io/de/lernen/hot-wallet-und-cold-wallet/ – abgerufen am 15.10.2024.

286 Blockchaincenter – Bitcoin Mobile Wallets, https://www.blockchaincenter.net/wallets/bitcoin-mobile-wallets/ – abgerufen am 15.10.2024.

287 Vgl. BTC Echo - Private Keys, https://www.btc-echo.de/academy/bibliothek/private-key/ – abgerufen am 15.10.2024.

288 Vgl. Coinmarketcap - Hot Storage, https://coinmarketcap.com/academy/de/glossary/hot-storage – abgerufen am 15.10.2024.

289 Vgl. BTC Echo - Private Keys, https://www.btc-echo.de/academy/bibliothek/private-key/ – abgerufen am 15.10.2024.

App des Anbieters für das ausgewählte Betriebssystem herunterladen[290], während Wallet Apps für iOS und Android verfügbar sind.

Auf diese Weise befindet sich der virtuelle Geldeutel auf dem Computer, oder auf dem Handy beziehungsweise auf dem Tablet. Es geht bei dieser Speichermethode – im Gegensatz zu einer Kryptobörse oder zu einem Online Wallet – der Private Key auch nicht in den Besitz einer externen Firma über.[291]

Der entscheidende Punkt bei dieser Variante: Diese Art von Wallets ist mit dem Internet verbunden, sie sind also permanent online. Deswegen werden Wallets mit Internetzugriff auch „Hot Wallets" genannt.[292] Das bringt einige Vorteile mit sich, birgt im gleichen Zuge allerdings auch Risiken.

Die Vorteile sind:

- Dadurch, dass das Wallet durchgehend mit dem Internet verbunden ist, können die Nutzer mit ihren Coins schnell und unkompliziert über eine Vielzahl von Endgeräten handeln, während Desktop Wallets im Gegensatz zum Mobile Wallet unpraktischer im alltäglichen Handel mit Bitcoins oder anderen Kryptowährungen sind.
- Mobile Wallets eignen sich somit besonders für Personen, die regelmäßig mit Kryptowährungen handeln und auf tagesaktuelle Entwicklungen am Kryptomarkt reagieren wollen. Entsprechend bieten Hot Wallets ihren Nutzern einen hohen Komfort.

Die Nachteile sind:

- Der erste Nachteil einer Software Wallet liegt darin, dass der Private Key nun auf einem Gerät (PC, Mobiltelefon oder Tablet) mit Internetzugang gespeichert ist und somit potenziell von einem Computervirus oder mit Hilfe einer Sicherheitslücke gestohlen werden kann. Aus diesem Grund

---

290 Asktraders – Krypto Wallets: Sichere Speicherung von Bitcoin und Co., https://www.asktraders.com/de/traden-lernen/trading-ratgeber/was-ist-wallet// – abgerufen am 15.10.2024.

291 Vgl. Martin Schwarz - Coincierge – Bitcoin Wallet Vergleich: alles, was man über Bitcoin Wallets wissen muss & beste Wallets 2024, https://coincierge.de/wallets/ – abgerufen am 15.10.2024.

292 Vgl. Jonas Franz – Der Hot Wallet Ratgeber: Alles was du dazu wissen must! Krypto Guru, https://krypto-guru.de/news/der-hot-wallet-ratgeber/ – abgerufen am 15.10.2024.

sind Hot Wallets für die langfristige Speicherung von Kryptowährungen nicht zu empfehlen.[293]

- Zwar gelten die Wallets als flexibel, haben aber einen weiteren Nachteil: Ist das Gerät defekt oder geht verloren, kann die Wallet in der Regel nicht wiederhergestellt werden. Nicht nur die Schlüssel, sondern auch das Wallet-Guthaben ist dann verloren.[294]

Für den Fall der Fälle, dass der Computer, das Smartphone oder das Tablet z. B. einen Defekt hat oder verloren geht oder gestohlen wird[295], sollte man in jedem Fall auf den Wiederherstellungsschlüssel (engl.: Recovery Seed Phrase) zugreifen können. Die Recovery Seed (oder Seed Phrase) kann man wie ein Backup der Wallet verstehen und ist die einzige Möglichkeit, ein Wallet wiederherzustellen, um auf sein Krypto Wallet wieder zuzugreifen. Aus einer Seed Phrase kann die gesamte Wallet-Struktur inklusive der Private und Public Key abgeleitet und errechnet werden.

> Den **Wiederherstellungsschlüssel** bzw. die Seed Phrase erhält man in der Regel, wenn man eine Software Wallet einrichtet. Die Wallet Software generiert eine Seed Phrase[296] und weist den Benutzer an, diese aufzuschreiben. Da der Wiederherstellungsschlüssel die einzige Möglichkeit ist, ein Software Wallet wiederherzustellen braucht es entsprechend eine zusätzliche Datensicherung der Seed Phrase für eine langfristig absolute Sicherung des Wiederherstellungsschlüssels.

Schließlich sind Seed Phrase und Private Key stets geheim und physisch getrennt (auch vom Internet) zu halten und aufzubewahren und dürfen

293 Vgl. Stadicus – Bitbox – Wieso brauche ich eine Hardware-Wallet für meine Bitcoin? https://bitbox.swiss/blog/wieso-brauche-ich-eine-hardware-wallet-fur-meine-bitcoin/ – abgerufen am 15.10.2024.

294 Asktraders – Krypto Wallets: Sichere Speicherung von Bitcoin und Co., https://www.asktraders.com/de/traden-lernen/trading-ratgeber/was-ist-wallet// – abgerufen am 15.10.2024.

295 Vgl. Kryptostahl – Sichere Aufbewahrung Ihrer Bitcoins/Kryptowährungen, https://kryptostahl.de/ – abgerufen am 15.10.2024.

296 Vgl. Team Satoshi – House of Satoshi – Was ist der Seed-Phrase? https://www.house-of-satoshi.ch/was-ist-der-seed-phrase-bitcoin-atm/#:~:text=Was%20ist%20ein%20Seed%2DPhrase,bestehen%20(Hintergr%C3%BCnde%20dazu%20hier) – abgerufen am 15.10.2024.

niemals mit Dritten geteilt werden. Dies erhöht die Wahrscheinlichkeit, dass nicht beide gleichzeitig zu Schaden kommen.

Wir wissen jetzt: Wer einen dieser beiden Schlüssel besitzt (Seed Phrase und Private Key), verfügt über die Bitcoins. Denn nur sie ermöglichen es, Bitcoins in andere Wallets zu transferieren.

Cold Wallet

Ein so genanntes Cold Wallet (kalte Geldbörse) – auch als „Cold Storage[297]“ bezeichnet – ist im Unterschied zu einem Hot Wallet ein Speicherplatz, der nicht oder nur sehr kurz mit dem Internet verbunden ist.[298]

Die Zugangsschlüssel, mit denen die digitalen Währungen verwaltet werden können, werden danach offline („cold“) gespeichert. D. h. die Daten werden dabei nicht auf dem Endgerät (PC, Smartphone oder Tablet usw.) gespeichert, sondern extern gesichert. Bei der Speicherung gibt es verschiedene Arten:

- Eine Möglichkeit, die Zugangsschlüssel außerhalb des Endgeräts zu sichern, ist es, sie auf einem Blatt Papier (engl.: Paper Wallet) zu erstellen, die man entweder per Hand oder als Ausdruck auf dem Blatt Papier notiert und sie dann an einem sicheren Ort aufbewahrt. Das Paper Wallet gilt als das sicherste Krypto Wallet überhaupt.[299] Wahlweise kann das Paper Wallet anschließend auch in einem versiegelten Plastikbeutel aufbewahrt werden oder sie laminieren, um es vor Wasser und Feuchtigkeit zu schützen. Es wurde bereits darauf hingewiesen, dass eine Verbindung zum Netzwerk (Internet) auch immer ein steigendes Risiko von Hackerangriffen darstellt. Sollten die notierten Zugangsschlüssel ausgedruckt werden, sollte dabei berücksichtigt werden, dass moderne

297 Martin Maciej – Giga – Cold Wallet vs. Hot Wallet bei Bitcoins und Co.: Unterschiede, https://www.giga.de/downloads/bitcoin/specials/cold-wallet-vs.-hot-wallet-bei-bitcoin-unterschiede-einfach-erklaert/ – abgerufen am 15.10.2024.

298 Vgl. Sören Imöhl – Wirtschaftswoche - So sichern Sie Ihre Kryptowährungen richtig, https://www.wiwo.de/finanzen/boerse/ethereum-und-co-so-sichern-sie-ihre-kryptowaehrungen-richtig/27562272.html – abgerufen am 15.10.2024.

299 Vgl. Christoph Peterson – Coincierge – Paper Wallet – der sicherste Ort für deine Kryptos, https://coincierge.de/wallets/paper-wallets/ – abgerufen am 15.10.2024.

Drucker und Kopierer hochsensible Daten und Dokumente auf der eingebauten Festplatte speichern.[300]

- Im Grunde genommen bietet es sich auch an, den Zugangsschlüssel in eine Metallplatte zu stanzen (so genanntes Metall Wallet), so dass diese neben einer Feuchtigkeit auch noch gegen Feuer geschützt ist, die aber auch nicht vor Diebstahl schützt. Bleibt die Frage, wer bei dieser Variante die Daten eingraviert. Betraut man jemanden damit, ist auf diese Weise auch der Vorteil der Sicherheit hinfällig. Zahlreiche Anbieter bieten Bausätze an, mit denen sich das realisieren lässt.[301] Schließlich sollte man ebenso die offline verwalteten Zugangsschlüssel an einem sicheren Ort aufbewahren. Insbesondere bei einem höheren Krypto-Vermögen kann ein Safe oder ein Schließfach bei der Bank eine sinnvolle Alternative zur Aufbewahrung von Zugangsschlüsseln sein.
- Neben dem Paper Wallet kann man die Zugangsschlüssel auch auf ein herkömmliches physisches Speichermedium wie einen USB-Stick oder eine externe Festplatte speichern oder die Zugangsschlüssel auf eine CD-ROM speichern.[302]

Die hier beschriebenen Cold Wallets eignen sich gerade für Krypto-Anleger, die Bitcoin, Ethereum etc. kaufen und langfristig aufbewahren wollen, also für Anleger, die nicht regelmäßig mit ihren Coins handeln wollen.[303] Da Cold Wallets meist nicht mit dem Internet verbunden sind, können sie auch kaum durch Dritte gehackt werden, weshalb sie auch als besonders sichere Speichermethode gelten. Doch wird der USB-Stick oder die externe Festplatte bzw. die CD-ROM beschädigt oder wird die Schrift auf dem Papier

---

300 Vgl. DHZ – Gefährlicher Datenspeicher: Sicherheitslücke am Kopierer, https://www.deutsche-handwerks-zeitung.de/buerodrucker-richtig-entsorgen-148837/ – abgerufen am 15.10.2024.

301 Vgl. Markus Schmidt-Ott - Finanzfluss – Wie funktioniert eine Wallet? https://www.finanzfluss.de/bitcoin-handbuch/wie-funktioniert-eine-wallet/ – abgerufen am 15.10.2024.

302 Vgl. Martin Maciej – Cold Wallet vs. Hot Wallet bei Bitcoins und Co.: Unterschiede, https://www.giga.de/downloads/bitcoin/specials/cold-wallet-vs.-hot-wallet-bei-bitcoin-unterschiede-einfach-erklaert/ – abgerufen am 15.10.2024.

303 Vgl. Sören Imöhl - Wirtschaftswoche – Was ist eine Wallet und wo bekomme ich eine? https://www.wiwo.de/technologie/digitalisierung-der-wirtschaft/kryptowaehrungen-selbst-verwahren-was-ist-eine-krypto-wallet-und-wo-bekomme-ich-eine/27794496.html#:~:text=Wie%20bekomme%20ich%20eine%20Wallet,und%20nicht%20beim%20Nutzer%20selbst – abgerufen am 15.10.2024.

verwischt oder verblasst bzw. wird unleserlich oder gehen verloren, sind die Daten ebenfalls verloren.

Bei Cold Wallets gilt es ebenso zu beachten, dass bei einem Verlust der Daten die Kryptowährungen ohne die weiter oben beschriebenen Seed Phrase ebenfalls nicht wiederherzustellen sind. Dies gilt genauso für eine Paper Wallet, dem Ausdruck des Keys auf Papier. Damit hat man auch keinen Zugriff mehr auf das Wallet Guthaben bzw. damit gehen auch die ganzen Coins (Münzen) verloren.

Der Zugriff auf die Daten eines Cold Wallets gestaltet sich bei dieser Ausführung durch die externe Speicherung stets etwas umständlich. Will man beispielsweise Bitcoin von seinem Paper Wallet verkaufen oder ausgeben, ist hierzu zunächst die erforderliche Menge an Kryptowährung auf eine Hot Wallet zu importieren.[304] Dabei ist es egal, ob es sich um ein Online Wallet, ein Desktop Wallet, ein Mobile Wallet oder ein Hardware Wallet handelt, solange diese Wallet private Schlüssel importieren kann.[305] Das Versenden direkt von einem Cold Wallet, wie z. B. von der Paper Wallet ist demnach nicht möglich. Bei dem ebenso erwähnten Hardware Wallet handelt es sich auch um ein Krypto Wallet, bei dem die Coins auf einem Offline-Speichergerät – ähnlich einem USB-Stick – gesichert werden. Mehr dazu gleich.

Doch beim langfristigen Investieren ist die Benutzerfreundlichkeit eher sekundär und der Sicherheitsaspekt überwiegt.[306] Wer dagegen regelmäßig mit Bitcoins oder mit anderen Kryptowährungen handelt, wendet meist eine *Best Practice* an, die an anderer Stelle in diesem Band noch ausführlich erläutert wird.

---

304 Vgl. Thomas Kölblinger – Block Chain – Hot Wallet vs Cold Wallet, https://imbstudent.donau-uni.ac.at/blogchain/hot-wallet-vs-cold-wallet/ – abgerufen am 15.10.2024.

305 Vgl. Marco Schneekluth – Kryptokenner – Wie versende ich Bitcoin aus einer Bitcoin Paper Wallet? https://kryptokenner.de/bitcoin-paper-wallet-ausgeben-private-key-importieren/ – abgerufen am 15.10.2024.

306 Vgl. Martin Schwarz - Coincierge – Bitcoin Wallet Vergleich: alles, was man über Bitcoin Wallets wissen muss & beste Wallets 2024, https://coincierge.de/wallets/ – abgerufen am 15.10.2024.

Hardware Wallet

Ernsthaft agierende Anleger in Kryptowährungen speichern einen Großteil ihres virtuellen Vermögens wiederum in einem Hardware Wallet[307] (auch USB Wallet oder Offline Wallet[308] genannt). Bei einem Hardware Wallet handelt es sich um ein physisches Gerät, das einem USB-Stick gleicht und gezielt dafür gedacht ist, Kryptowährungen aufzubewahren.[309]

Die Idee hinter Hardware Wallets ist es, die privaten Schlüssel von einer Online-Speicherung wie auf einem Computer oder Smartphone zu isolieren, die anfälliger für Hackerangriffe sind. In der Regel wird ein Hardware Wallet über USB bzw. per USB-Kabel oder Bluetooth an den PC angeschlossen oder mit einem Smartphone verbunden. Die Verbindung mit dem Internet geschieht jedoch nur zeitweise, um Transaktionen durchzuführen.

Auf dem Chip des Hardware Wallets[310] befinden sich dann die Private Keys. Dort werden auch alle über die Wallet ausgeführten Transaktionen gespeichert. Der entscheidende Vorteil bei dieser Variante liegt in der Offline-Speicherung: Solange der Stick nicht mit einem internetfähigen Computergerät verbunden ist, kann niemand darauf zugreifen. Ist das Speichermedium nicht mit einem internetfähigen Computergerät verbunden, ist prinzipiell somit auch kein Zugriff für Hacker auf die eigenen Kryptowährungen möglich.[311]

Auch wenn eine Hardware Wallet zumindest zeitweise mit dem Internet verbunden ist, gilt sie als ein Cold Wallet, da die Transaktionen im Gerät selbst signiert (unterzeichnet) werden. Das bedeutet, dass die Transaktion offline signiert wurde, bevor sie über das Internet an die Blockchain übertragen wurde. Obwohl Hardware-Wallet-Transaktionen online durchführen, werden sie offline gespeichert. Und genau dieser Aspekt erhöht

307 Vgl. Guido Lange – Block Builders – Was ist ein Hot Wallet und was unterscheidet es von einer Cold Wallet? https://block-builders.de/was-ist-ein-hot-wallet-und-was-unterscheidet-es-von-einer-cold-wallet/ - abgerufen am 15.10.2024.

308 Vgl. Coincierge – Hardware Wallets 2024 – Information und Vergleich, https://coincierge.de/wallets/hardware-wallet// – abgerufen am 15.10.2024.

309 Vgl. Markus Schmidt-Ott - Finanzfluss – Bitcoin sicher aufbewahren, https://www.finanzfluss.de/bitcoin-handbuch/bitcoin-sicher-aufbewahren/ – abgerufen am 15.10.2024.

310 Vgl. Block-builders.de – Hardware Wallets, Test und Vergleich, https://block-builders.de/vergleiche/hardware-wallets/ – abgerufen am 15.10.2024.

311 Vgl. BTC Echo - Private Keys, https://www.btc-echo.de/academy/bibliothek/private-key/ – abgerufen am 15.10.2024.

die Sicherheit.[312] Aufgrund dieses Sicherheitsmerkmals kann *Malware* diese Transaktionen nicht signieren – oder die Schlüssel einsehen.[313]

Praktisch gesehen funktionieren Hardware Wallets dabei wie folgt:

1. Um eine Hardware Wallet zu nutzen, wird ebenso eine entsprechende Wallet App benötigt. Der Unterschied zur reinen Software Wallet ist jedoch, dass die App in diesem Fall selbst keinerlei Geheimnisse aufbewahrt.
2. Die App ist mit dem Internet verbunden und bereitet unsignierte Transaktionen vor.
3. Diese gibt sie dann an die Hardware Wallet weiter, welche die Details auf dem sicheren Bildschirm anzeigt.
4. Der Nutzer kann diese dann prüfen und bestätigen oder ablehnen.
5. Wird die Transaktion bestätigt, signiert sie die Hardware Wallet mit Hilfe des privaten Schlüssels und gibt die signierte Transaktion zurück an die App.
6. Die App sendet diese dann an das Netzwerk. Die privaten Schlüssel verlassen die Hardware Wallet dabei nie.[314]

Durch die **Signaturen** wird sichergestellt, dass einem die digitalen Währungen auch tatsächlich gehören. Man kann die Signaturen mit einer Unterschrift vergleichen. Erst wenn man unterschreibt, dass man einen Bitcoin an eine andere Person versendet, wird die Bitcoin-Transaktion ausgeführt.[315]

Außerdem bieten Hardware Wallets zusätzlichen Schutz durch die Eingabe einer PIN, die man selbst bestimmen und eingeben muss, um Zugriff zu erhalten. Keiner kennt sie und sie ist nirgends gespeichert, weder beim

---

312 Vgl. Krypto Nerds - Was ist eine Hardware Wallet? https://www.cryptonerds.com/de/was-ist-ein-hardware-wallet/ – abgerufen am 15.10.2024.

313 Vgl. Krypto Magazin - Hardware Wallet verstehen, https://www.krypto-magazin.de/hardware-wallet-verstehen – abgerufen am 15.10.2024.

314 Vgl. Stadicus – Bitbox – Wieso brauche ich eine Hardware-Wallet für meine Bit- coin? https://bitbox.swiss/blog/wieso-brauche-ich-eine-hardware-wallet-fur-meine-bitcoin/, – abgerufen am 15.10.2024.

315 Vgl. Harald Pöttinger – Digitale Signatur, https://haraldpoettinger.com/digitale-signatur/ – abgerufen am 15.10.2024.

Hersteller noch in einer Cloud oder in einem Browser.[316] Wenn man sein Hardware Wallet verliert oder es sogar gestohlen wird, dann kann niemand auf die Coins zugreifen.[317] Hat man die PIN vergessen, kann man mit Hilfe des Wiederherstellungsschlüssels die PIN neu setzen.[318]

Was ist ein Browser?
Die Bezeichnung **Browser** leitet sich vom englischen *to browse* ab und bedeutet so viel wie „stöbern" oder „blättern". Ein Browser ist ein Programm, mit dem Websites korrekt angezeigt werden. Beispiele sind Internet Explorer, Firefox, Google Chrome, Apple Safari.

Schließlich gelten Hardware Wallets als eine besonders sichere Speichermöglichkeit für Bitcoin und Kryptowährungen.[319] Im Gegenzug muss man aber Abstriche bei der Benutzerfreundlichkeit hinnehmen: Eine Hardware Wallet muss generell über USB bzw. per USB-Kabel oder Bluetooth mit einem Computer/Laptop oder Smartphone angeschlossen bzw. verbunden werden, um Transaktionen durchzuführen. Entsprechend ist diese Variation im alltäglichen Handel recht unpraktisch[320].

Auch haben diese Geräte keine unendliche Lebensdauer und können kaputtgehen. Derzeit zählen sie aber zu den sichersten Methoden, virtuelles Geld aufzubewahren, da sie in hohem Maße gegen Hackerangriffe geschützt sind.[321]

316 Vgl. Patrick Nowak - Computerbild – Hardware-Wallets 2022: Welche Krypto-Wallet ist sicher? https://www.computerbild.de/artikel/cb-Tipps-PC-Hardware-drei-gruende-fuer-hardware-wallets-29974371.html – abgerufen am 15.10.2024.

317 Vgl. BTC Direct – Hardware-Wallet, https://btcdirect.eu/de-at/hardware-wallet – abgerufen am 15.10.2024.

318 Vgl. Mirco Recksiek – Wie richte ich eine Bitcoin Hardware Wallet ein? Der Trezor Guide, https://bitcoin-2go.de/hardware-wallet-einrichten/ – abgerufen am 24.10.2022.

319 Vgl. WirtschaftsWoche – Krypto Hardware Wallets im Test und Vergleich 2024, https://www.wiwo.de/vergleich/krypto-hardware-wallet-vergleich/ – abgerufen am 15.10.2024.

320 Vgl. Thomas Kölblinger – Blog Chain – Hot Wallet vs Cold Wallet, https://imbstudent.donau-uni.ac.at/blogchain/hot-wallet-vs-cold-wallet/ – abgerufen am 15.10.2024.

321 Martin Maciej – Giga – Cold Wallet vs. Hot Wallet bei Bitcoins und Co.: Unterschiede, https://www.giga.de/downloads/bitcoin/specials/cold-wallet-vs.-hot-wallet-bei-bitcoin-unterschiede-einfach-erklaert/ – abgerufen am 15.10.2024.

So kommen bei größtmöglicher Sicherheit aber auch gleichzeitig höhere Anschaffungskosten auf die Besitzer von Hardware Wallets zu. Der Mehrpreis beruht auf dem betonten deutlich höheren Sicherheits- und Funktionsumfang.

Selbst der Verlust oder ein Defekt des Hardware Wallets bedeutet nicht zwingend den Verlust der Kryptos: Man kann die Konten auf eine neue Hardware Wallet mit Hilfe der Recovery Seed Phrase wiederherstellen.[322] Verliert man seine Hardware Wallet und seinen Wiederherstellungsschlüssel, sind bei diesem Wallet-Typ jedoch alle Kryptos für immer verloren. Oder genauer gesagt: Diese befinden sich dann für immer auf der Blockchain. Der Hersteller hat dann keine Möglichkeit, die Coins wiederherzustellen.[323]

Summarisch sei abschließend noch auf vier Aspekte hingewiesen:

1. Früher waren Krypto Wallets hauptsächlich für Bitcoins gedacht. Das lag unter anderem daran, dass es damals noch nicht so viele verschiedene Kryptowährungen gab wie heute. Bei Hardware Wallets gibt es keine reinen Bitcoin Wallets oder Ethereum Wallets; es können in der Regel mehrere Kryptowährungen gespeichert werden.[324] Zwar unterstützen die meisten Hardware Wallets viele Kryptowährungen[325] (multifunktionale Speicherung[326]), dennoch sollte vorsorglich vor einem Kauf geprüft werden, welche Hardware Wallet welche Coins unterstützt.
2. Mittlerweile gibt es eine Reihe von Hardware Wallets auf dem Markt. Das kann die Auswahl schwierig machen. Einige Anbieter nutzen eine Software, die nicht Open Source ist. Zur Erinnerung: Eine Open-Source-Software bedeutet unter anderem, dass jeder sie einsehen

322 Hardware Wallets – Ich habe meine Hardware Wallet verloren. Und was jetzt? https://www.hardware-wallets.de/faq/ich-habe-meine-hardware-wallet-verloren-und-was-jetzt/#:~:text=Es%20tut%20mir%20leid%2C%20dass,M%C3%B6glichkeit%2C%20auf%20deine%20Kryptow%C3%A4hrungen%20zuzugreifen – abgerufen am 15.10.2024.

323 Vgl. Martin Schwarz – Coincierge – Bitcoin Wallet Vergleich: alles, was man über Bitcoin Wallets wissen muss & beste Wallets 2024, https://coincierge.de/wallets/ – abgerufen am 15.10.2024.

324 Vgl. Christian Habeck – Atozmarkets - Krypto Wallet Vergleich: Beste Krypto Wallets für Bitcoin & Co. im Experten Test, https://atozmarkets.com/de/krypto/wallet/ – abgerufen am 15.10.2024.

325 Vgl. Alexander Kant – Netzwelt – Kryptowährung: Wie funktionieren die Wallets für digitale Währungen? https://www.netzwelt.de/kryptowaehrung/index/funktionieren-wallets-digitale-waehrungen/index.html – abgerufen am 15.10.2024.

326 Carsten Umland – Nextmarkets – Was ist eine Hardware Wallet? Definition – nextmarkets Glossar, https://www.nextmarkets.com/de/handel/krypto/hardware-wallet – abgerufen am 17.08.2022.

kann.[327] Soweit eine Software genutzt wird, die nicht Open Source ist, setzt dies Vertrauen in den Hersteller voraus.[328]

3. Hardware Wallets sollten ausschließlich über den Hersteller gekauft werden, da viele gehackte Wallets im Umlauf sind. Darüber hinaus sollte man darauf achten, dass die Ware eingeschweißt ist und keine Spuren auf ein vorheriges Öffnen der Verpackung hindeuten.
4. Bei Bitcoins und anderen Kryptowährungen spielen Faktoren wie Transparenz und Nachverfolgbarkeit von Transaktionen eine wichtige Rolle. Jeder Wallet wird daher eine bestimmte Zeichenkette zugeordnet. Entsprechend besteht die Wallet eigentlich nur aus einer solchen Zeichenkette. Jede dieser Zeichenketten ist dabei einmalig. D. h., dass keine zwei Wallets mit der gleichen Zeichenkette bestehen. Damit ist es jederzeit möglich, die verschiedenen Wallets eindeutig voneinander zu unterscheiden. In der Wallet wird dann das Guthaben gespeichert oder, genauer gesagt, die digitalen "Schlüssel" zum Bitcoin Guthaben gespeichert. Grundsätzlich gilt, dass jeder Einblick darin hat, wie viel Guthaben in einer Wallet „gespeichert" ist. Kennt also jemand die Zeichenkette einer Wallet, kann er deren Guthabenstand jederzeit einsehen. Allerdings sind die Wallets anonym. Es ist also nicht ersichtlich, welcher Person die Wallet gehört. Persönliche Daten werden im Zusammenhang mit dem Wallet nicht gespeichert.[329]

Web-/Online Wallet

Bei webbasierten Wallets (oder auch Online Wallets) wird die Verwaltung von einem Drittanbieter geregelt, wodurch man selbst als Nutzer einen geringen Aufwand hat.[330] Auf diese Weise muss man sich nicht mit der Verwahrung beschäftigen und kann auch dabei keine Fehler machen, die zum Verlust der Coins führen. Bei einem Online Wallet ist kein Download

327 BTC Direct – 10 Besten hardware krypto wallets 2023, https://shop.btcdirect.eu/de-de/blog/besten-hardware-krypto-wallets – abgerufen am 15.10.2024.

328 Vgl. Stadicus – Bitbox – Wieso brauche ich eine Hardware-Wallet für meine Bitcoin? https://bitbox.swiss/blog/wieso-brauche-ich-eine-hardware-wallet-fur-meine-bitcoin/ – abgerufen am 15.10.2024.

329 Vgl. BTC Echo - Private Keys, https://www.btc-echo.de/academy/bibliothek/private-key/ – abgerufen am 22.10.2024.

330 Vgl. Finanzen – Bitcoin Wallet Vergleich – Die besten Krypto-Wallets 2022 im Test, https://www.finanzen.net/ratgeber/bitcoin-wallet-vergleich/ – abgerufen am 22.10.2024.

und somit auch keine Installation auf dem Rechner oder dem mobilen Endgerät erforderlich. Auf die Wallet kann problemlos mit jedem Browser zugegriffen werden. Das bedeutet, letztlich benötigt es nur eine stabile Internetverbindung.[331] Da ein Online Wallet durchgehend mit dem Internet verbunden ist (Hot Wallet), besteht jedoch auch ein Risiko von Angriffen auf das Gerät oder auf den Online-Dienst.

Wie schon an anderer Stelle geschrieben, haben Anleger die Möglichkeit, über Kryptobörsen (Exchanges) direkt in Kryptowährungen wie Bitcoin, Ethereum und Co. zu investieren. Meldet man sich bei einer Kryptobörse an, erhält man von einigen nach der Registrierung automatisch eine persönliche Wallet (Online Wallet).[332] Das hat den Vorteil, dass es technisch unkompliziert ist und auch technisch weniger versierten Nutzern die Möglichkeit gibt, an Kryptowährungen zu kommen. Die erworbenen Coins werden von der entsprechenden Börsenplattform (Kryptobörse) für den Kunden treuhänderisch[333] in der Regel in einer gehosteten Wallet der Börse verwahrt und gehandelt.[334] Die somit erzielten Gewinne und Verluste werden an den Anleger gemäß der erworbenen Bitcoin-Anteile weitergegeben.[335]

> Als größte Kryptobörse der Welt – gemessen am Handelsvolumen – wird zum Zeitpunkt des Verfassens dieses Artikels die Kryptobörse Binance genannt. Mit Blick auf die Nutzerzahlen (90 Millionen) ist nur die Kryptobörse Coinbase größer (101 Millionen).[336] In diesem

331 Vgl. Christian Habeck – Atozmarkets - Krypto Wallet Vergleich: Beste Krypto Wallets für Bitcoin & Co. im Experten Test, https://atozmarkets.com/de/krypto/wallet/ – abgerufen am 22.10.2024.

332 Sören Imöhl - Wirtschaftswoche - Was ist eine Krypto-Wallet und wo bekomme ich eine? https://www.wiwo.de/technologie/digitalisierung-der-wirtschaft/kryptowaehrungen-selbst-verwahren-was-ist-eine-krypto-wallet-und-wo-bekomme-ich-eine/27794496.html – abgerufen am 22.10.2024.

333 Vgl. Markus Schmidt-Ott - Finanzfluss – Bitcoin sicher aufbewahren, https://www.finanzfluss.de/bitcoin-handbuch/bitcoin-sicher-aufbewahren/ – abgerufen am 22.10.2024.

334 Vgl. Sören Imöhl - Wirtschaftswoche - Was ist eine Krypto-Wallet und wo bekomme ich eine? https://www.wiwo.de/technologie/digitalisierung-der-wirtschaft/krypto-wallet-erstellen-was-ist-eine-wallet-und-wo-bekommt-man-sie/27794496.html – abgerufen am 22.10.2024.

335 Vgl. Martin Schwarz - Coincierge – Bitcoin Wallet Vergleich: alles, was man über Bitcoin Wallets wissen muss & beste Wallets 2024, https://coincierge.de/wallets/ – abgerufen am 22.10.2024.

336 Vgl. Burak Aras, Sara Zinnecker – Forbe Advisor – Die beste Krypto-Börse in Deutschland: Krypto-Börsen-Vergleich 2023, https://www.forbes.com/advisor/de/geldanlage/krypto/krypto-boersen-vergleich/ – abgerufen am 22.10.2024.

Zusammenhang soll allerdings auch nicht unerwähnt bleiben, dass die relativ bekannte Kryptobörse FTX im November 2022 in die Insolvenz gegangen ist.[337] FTX war die bis dato drittgrößte Kryptobörse mit einem täglichen Handelsvolumen von über 3,2 Mrd. US-Dollar.[338]

Was ist ein gehostetes Wallet?
Eine Wallet wird als **gehostet** bezeichnet, wenn eine Drittpartei (beispielsweise eine Kryptobörse) das Kryptovermögen eines Nutzers aufbewahrt, vergleichbar mit einer Bank, die Geld auf einem Giro- oder Sparkonto verwahrt.[339]

Wir wissen nunmehr: Bitcoins oder andere Kryptowährungen werden nicht tatsächlich in einer Wallet gespeichert, sondern sind lediglich ein Speicherort für kryptographische Zugangsschlüssel, die zu ihnen führen und den Zugriff auf sie ermöglichen.

Wer seine Kryptowährungen in einem Wallet einer Kryptobörse hält, sollte dazu Folgendes wissen: In dem Moment, in dem man Anteile über eine Kryptobörse erwirbt, sind die erworbenen Anteile dann nicht auf der eigenen Wallet-Adresse, also auf der des Käufers, sondern auf der von der entsprechenden Kryptobörse. Dies wird auch Custodial Wallet (Fremdverwahrung) genannt.[340] Damit hat man auch nicht die Kontrolle über diesen privaten Schlüssel, sondern die jeweilige Kryptobörse.

Wie eine normale Bank hat die Kryptobörse dann die Verpflichtung, eine gewisse Menge an Kryptowährungen auf Verlangen auszuhändigen.[341]

---

337 Vgl. Ulrike Barth - t3n – FTX-Pleite: Sam Bankman-Fried will wieder Zugriff auf Kryptos, https://t3n.de/news/ftx-sam-bankman-fried-zugrif-krypto-1531038/ – abgerufen am 22.10.2024.

338 Vgl. Philpp Henk – Bitcoin2Go – FTX: Insolvenz, Auswirkungen und Updates, https://bitcoin-2go.de/ftx-insolvenz/ – abgerufen am 22.10.2024.

339 Vgl. Coinbase – So richten Sie eine Wallet für Kryptowährungen ein, https://www.coinbase.com/de/learn/tips-and-tutorials/how-to-set-up-a-crypto-wallet – abgerufen am 22.10.2024.

340 Vgl. Lsa Pinggera - Futurezone - Was passiert, wenn meine Kryptobörse bankrottgeht? https://futurezone.at/digital-life/was-passiert-wenn-meine-kryptoboerse-bankrottgeht-pleite-coinbase-terra-insolvenz-oesterreich/402010932 – abgerufen am 22.10.2024.

341 Vgl. Stadicus – Bitbox – Wieso brauche ich eine Hardware-Wallet für meine Bit- coin? https://bitbox.swiss/blog/wieso-brauche-ich-eine-hardware-wallet-fur-meine-bitcoin/. – abgerufen am 22.10.2024.

Schickt man sich aber nun die Anteile vom Wallet, das bei der Kryptobörse ist, auf sein privates Wallet, das man beispielsweise auf seinem Smartphone oder PC hat, dann liegen die Kryptowährungen wirklich bei einem selbst. Bei dieser Art der Verwahrung handelt es sich dann um ein Non Custodial Wallet (Eigenverwahrung).[342] Nun sind es die Private Keys des Käufers, die für das eigene Wallet zuständig sind. Solange die Anteile aber bei einer Kryptobörse liegen, hat die Kryptobörse auch die entsprechenden Kryptowährungen bzw. die Private Keys, die auf die Wallet passen, auf der die erworbenen Anteile der Kryptowährungen in der Blockchain liegen.

Sind die Anteile auf der Wallet-Adresse des Anbieters bzw. der Kryptobörse, hat diese theoretisch die vollständige Kontrolle über die jeweiligen Krypto-Bestände. So könnte der Anbieter die Private Keys stehlen und sie verlieren, an die man dann nicht mehr herankommt. Und genau das ist auch die große Gefahr, die man bei Exchanges (Kryptobörsen) hat, weshalb auch empfohlen wird, niemals größere Mengen auf Exchanges liegen zu lassen.

> Hierzu eine Anekdote: Vor einigen Jahren ist der CEO einer Kryptobörse verstorben, der das geheime Passwort für die Private Keys für das Notebook hatte. Die Private Keys liegen nun auf diesem Notebook und niemand kommt jetzt an diese Keys heran – und damit auch nicht an die Coins. Inzwischen gibt es Sicherheitsmechanismen, damit sich solch ein fataler Umstand nicht wiederholt.

Was ist ein CEO?
CEO ist die Abkürzung von **Chief Executive Officer**. Diese Abkürzung bezeichnet im deutschsprachigen Raum Geschäftsführer oder geschäftsführendes Vorstandsmitglied eines Unternehmens.

Wir wissen bereits: Mit einem Wallet bei einer Kryptobörse legen Kryptobesitzer entsprechend die Sicherheit ihrer Coins komplett in die Hände eines Drittanbieters. Zwar schützen die Anbieter ihre Kunden beispielsweise durch hohe und nach neuesten Sicherheitsstandards und Verschlüsselungs-

342 Giudo Lange – Block Builders, Custodial und Non-Custodial Wallets: Was sind die Unterschiede? https://block-builders.de/custodial-wallets/ – abgerufen am 22.10.2024.

techniken, die Gefahr eines Hackerangriffs kann bei der Art der Aufbewahrung allerdings nie ausgeschlossen werden.[343]

Geht außerdem die Kryptobörse pleite, drohen Anlegern ebenso Verluste.[344] Kryptowährungen sind kein Sondervermögen, d. h., die Coins sind rechtlich nicht getrennt vom restlichen Vermögen des Verwahrers. Sie werden also im Falle einer Insolvenz mit der Insolvenzmasse liquidiert. Es dürfte für einen Anleger also nicht viel übrigbleiben.

Auch ist es leider Tatsache, dass Exchanges selten versichert und kaum reguliert sind – oder aber sich aufgrund "regulatorischer Gründe" weigern, eine Auszahlung zu tätigen.[345] Darüber hinaus haben viele Kryptobörsen ihren Firmensitz außerhalb der Europäischen Union oder der USA, um der Regulatorik zu entgehen. Die Regulatorik hat jedoch den Zweck, Handel und Aufbewahrung von Bitcoin vertrauenswürdiger zu machen.[346] Bei der Wahl einer geeigneten Kryptobörse kommt es also auf sichere und seriöse Anbieter an.

> Letztlich widersprechen Kryptobörsen der Grundidee von Kryptowährungen, ein dezentrales Finanzwesen ohne Abhängigkeit von Dritten zu etablieren.[347]

Was bedeutet es, wenn ein Unternehmen liquidiert wird?
Wird der Insolvenzantrag mangels Masse (verfügbares Vermögen des Schuldners) abgewiesen, ist eine Fortführung des Unternehmens nicht mehr möglich. In diesem Fall wird das Unternehmen liquidiert, das

343 Vgl. Sören Imöhl - Wirtschaftswoche – Was ist eine Wallet und wo bekommt man sie? https://www.wiwo.de/technologie/digitalisierung-der-wirtschaft/krypto-wallet-erstellen-was-ist-eine-wallet-und-wo-bekommt-man-sie/27794496.html – abgerufen am 22.10.2024.

344 Vgl. Sören Imöhl – Wirtschaftswoche - So sichern Sie Ihre Kryptowährungen richtig, https://www.wiwo.de/finanzen/boerse/ethereum-und-co-so-sichern-sie-ihre-kryptowaehrungen-richtig/27562272.html – abgerufen am 22.10.2024.

345 Vgl. Stadicus – Bitbox – Wieso brauche ich eine Hardware-Wallet für meine Bitcoin? https://bitbox.swiss/blog/wieso-brauche-ich-eine-hardware-wallet-fur-meine-bitcoin/. – abgerufen am 22.10.2024.

346 Vgl. Markus Schmidt-Ott - Finanzfluss – Bitcoin sicher aufbewahren, https://www.finanzfluss.de/bitcoin-handbuch/bitcoin-sicher-aufbewahren/ – abgerufen am 22.10.2024.

347 Vgl. Kristina Wasser – Computerbild – Crypto-Wallet erstellen: App oder Hardware-Wallet? https://www.computerbild.de/artikel/cb-Tipps-Finanzen-Crypto-Wallet-31764851.html – abgerufen am 22.10.2024.

restliche Vermögen eines Unternehmens also **in Geld umgewandelt**, um etwaige Forderungen der Gläubiger zumindest anteilig zu bedienen.

Um den Schutz der digitalen Assets zu gewährleisten, haben die jeweiligen Anbieter unterschiedliche Sicherheitsstandards etabliert. Kryptobörsen lagern beispielsweise einen Großteil der Kundenbestände in „Cold Storages", die nun bekanntermaßen ohne Schnittstelle mit dem Internet auskommen und daher für Hacker unzugänglich sind.[348]

Um noch einen Augenblick beim Thema Sicherheit zu bleiben: Bekannte Kryptobörsen bieten eine Zwei-Faktor-Authentifizierung an, auch bekannt als 2FA, die für zusätzlichen Schutz sorgen soll.[349] Vergleichbar ist dieses Verfahren mit der mobilen TAN, wie es vom Online-Banking inzwischen den Meisten bekannt ist. Die 2FA geschieht normalerweise über eine spezielle App auf dem Mobiltelefon, über eine SMS oder eine E-Mail-Mitteilung. Der Nutzer muss beim Einloggen zusätzlich zum Benutzernamen und Passwort einen einmaligen Verifizierungscode (z. B. einen PIN-Code) angeben, der in der Regel an das jeweilige Nutzer-Mobiltelefon gesendet wird (alternativ mittels Fingerabdrucksensor). Erst nachdem man diesen Code eingegeben hat, bzw. der Fingerabdrucksensor erfolgreich war, kann man auf sein Konto zugreifen.[350]

Wenn man sein Kryptovermögen in einem gehosteten Wallet aufbewahren lässt, besteht ein Vorteil noch dazu darin, dass das Geld nicht verlorengeht, wenn man sein Passwort vergessen hat oder es versehentlich gelöscht

---

348 Handelsblatt – Kryptowährungen kaufen 2024: Wie und wo können Anleger Kryptos günstig erwerben? https://www.handelsblatt.com/kryptowaehrung/ – abgerufen am 22.10.2024.

349 Vgl. Coinbase Help – Warum werde ich aufgefordert, meine Methode für den zweiten Faktor zu ändern? https://help.coinbase.com/de/coinbase/privacy-and-security/avoiding-phishing-and-scams/why-am-i-being-asked-to-change-my-second-factor-method – abgerufen am 22.10.2024.

350 Vgl. Coindeal – Zwei-Faktor-Authentifizierung (2FA) einrichten, https://coindeal.com/de-de/support/article/what-is-2fa/#:~:text=Zwei%2DFaktor%2DAuthentifizierung%20(2FA)%20einrichten&text=Es%20handelt%20sich%20um%20ein,OTP)%20auf%20Ihrem%20Mobiltelefon%20generiert. – abgerufen am 27.10.2022.

hat, sondern kann von der jeweiligen Kryptobörse wiederhergestellt werden.[351]

Da der Handel mit Kryptowährungen bei Kryptobörsen immer ein hohes Risiko darstellt, sollte man diese Empfehlung beachten:

> „Auf der Exchange handeln, sobald man aber damit fertig ist, Coins runter und in die eigene Wallet übertragen."

Erst dann hat man auch seine eigenen Private Keys, auf die weder eine Exchange noch jemand anderes Zugriff hat – danach sind die Coins sicher.[352]

Da beim Transfer von beispielsweise Bitcoin Transaktionsgebühren anfallen lohnt es sich aber nicht, kleine Beträge beispielsweise an eine Cold Wallet zu transferieren. Daher ist es sinnvoll, schrittweise vorzugehen: Die ersten kleinen Beträge in Bitcoin werden bei der Kryptobörse selbst verwahrt und müssen nicht transferiert werden. Wer z. B. einen Sparplan für Bitcoin hat, wird nach und nach höhere Beträge zusammensparen. Sobald ein bestimmter Betrag erreicht ist, wird dieser in eine Cold Wallet übertragen und ist dort künftig sicher.

> Wer mit Bitcoin, Kryptowährung & Co. bezahlen oder traden möchte, sollte immer einen kleinen Betrag an der Kryptobörse hinterlegt haben, damit dieser dort jederzeit verfügbar ist.[353]

Wir wissen mittlerweile: Wallets auf Kryptobörsen unterliegen bereits heute einem KYC-Prozess.

> Hinter **KYC** steht das englische Akronym für „Know Your Customer" (zu Deutsch: „Kenne deinen Kunden"). Es beschreibt den Prozess der Überprüfung der Identität von (neuen) Kunden.

---

351 Vgl. Steffen Rathmann - Cryptoticker – Bitcoin Passwort vergessen? Was du im Jahr 2022 tun kannst, https://cryptoticker.io/de/bitcoin-passwort-vergessen – abgerufen am 22.10.2024.

352 Vgl. Lsa Pinggera - Futurezone - Was passiert, wenn meine Kryptobörse bankrottgeht? https://futurezone.at/digital-life/was-passiert-wenn-meine-kryptoboerse-bankrottgeht-pleite-coinbase-terra-insolvenz-oesterreich/402010932 – abgerufen am 22.10.2024.

353 Vgl. Markus Schmidt-Ott - Finanzfluss – Bitcoin sicher aufbewahren, https://www.finanzfluss.de/bitcoin-handbuch/bitcoin-sicher-aufbewahren/ – abgerufen am 22.10.2024.

Auf diese Weise können Wallets auf Kryptobörsen einer identifizierten Person zugeordnet werden, während Software Wallets und Hardware Wallets bislang anonym verwendet werden. Dies soll jedoch mit dem neuen Vorstoß der Europäischen Union geändert werden.[354] Der KYC-Prozess wird durchgeführt, um illegale Aktivitäten wie Geldwäsche, Terrorismusfinanzierung oder Betrug zu verhindern und damit sowohl das Unternehmen als auch den Kunden zu schützen.[355]

Cloud Wallet

Wallets können ebenso in einer Cloud bei einem Anbieter gespeichert werden[356], der sich rein um die Verwahrung von Bitcoin, Ethereum und anderer Kryptowährungen kümmert.[357] Dadurch können die Wallet-Inhaber jederzeit von überall direkt auf ihre virtuelle Geldbörse zugreifen, solange man über eine aktive Internetverbindung verfügt. Wer sich für eine Cloud Wallet entscheidet, sollte vor allem, wie auch bei einer Kryptobörse, auf die Sicherheit des Servers achten. Ist er nicht bestmöglich, nach neuesten Sicherheitsstandards geschützt, erhöht sich die Gefahr eines missbräuchlichen Zugriffs.[358]. Theoretisch hat der Anbieter ebenso die vollständige Kontrolle über die Kryptowährungs Bestände.[359]

Von einer Kryptobörse oder Handelsplattform unterscheiden sich Cloud Wallets dadurch, dass hier kein direkter Handel möglich ist. Es müssten vorher die entsprechende Menge an Bitcoins oder anderer Kryptowährun-

---

354 Vgl. Dr. Alexander Schmid – Springer Professional - Neue EU-Regeln nehmen anonyme Krypto-Wallets ins Visier, https://www.springerprofessional.de/kryptowaehrungen/blockchain/neue-eu-regeln-nehmen-anonyme-krypto-wallets-ins-visier/19589998 – abgerufen am 22.10.2024.

355 Vgl. Martin Schwarz - Coincierge – Bitcoin kaufen in unter 10 Minuten inkl. Anleitung, Bitcoin Rechner & Tipps, https://coincierge.de/bitcoin-kaufen-in-unter-10-minuten-inkl-anleitung-bitcoin-rechner-tipps/ – abgerufen am 22.10.2024.

356 Asktraders – Krypto Wallets: Sichere Speicherung von Bitcoin und Co., https://www.asktraders.com/de/traden-lernen/trading-ratgeber/was-ist-wallet/ – abgerufen am 22.10.2024.

357 Vgl. Florian Maier – Computerwoche – So sind Ihre Bitcoins sicher, https://www.computerwoche.de/a/so-sind-ihre-bitcoins-sicher,3544463 – abgerufen am 22.10.2024.

358 Asktraders – Krypto Wallets: Sichere Speicherung von Bitcoin und Co., https://www.asktraders.com/de/traden-lernen/trading-ratgeber/was-ist-wallet/ – abgerufen am 22.10.2024.

359 Vgl. Alexander Kant – Netzwelt – Kryptowährung: Wie funktionieren die Wallets für digitale Währungen? https://www.netzwelt.de/kryptowaehrung/index/funktionieren-wallets-digitale-waehrungen/index.html – abgerufen am 22.10.2024.

gen auf ein Handelskonto transferiert werden.[360] Das digitale Portemonnaie steht stets auf Abruf im Internet bereit. Das ist an dieser Stelle aber gleichzeitig der problematische Aspekt dieses Wallet-Typs. So steht er auch für allemal stattfindende Hackerangriffe bereit. Wer sich für diese Speichermethode entscheidet, sollte daher auch kein allzu großes Guthaben in seinem Wallet haben.

Jede Art der hier beschriebenen Wallets hat seine Vor- und Nachteile:

- Während die Fremdverwahrung der privaten Schlüssel durch die Kryptobörse keine technischen Vorkenntnisse erfordert, ist die Sicherheit eines Cold Wallets ein unbestreitbarer Vorteil, jedoch nicht besonders benutzerfreundlich bei der alltäglichen Anwendung.
- Die Verwahrung in einem Desktop Wallet oder App Wallet (Hot Wallets) hat im Gegensatz zur Fremdverwahrung den Vorteil, dass sich die Keys in der eigenen Verantwortung (Eigenverwahrung) befinden,[361] die noch dazu eine hohe Benutzerfreundlichkeit aufweisen.
- Dadurch, dass Hot Wallets mit dem Internet verbunden sind, ist ein schneller und bequemer Zugang möglich, was aber auch gleichzeitig eine Angriffsfläche für Hacker bietet.

> Nutzer, die regelmäßig mit Bitcoins oder mit anderen Kryptowährungen handeln, wenden folgende *Best Practice* an: Ein kleiner Teil des persönlichen Coin Vermögens befindet sich in Hot Wallets. Mit diesem Anteil werden die täglichen Käufe getätigt. Alle Coins, die man nicht für Transaktionen benötigt, werden stattdessen in einem Cold Wallet gespeichert. Braucht man Coins für den Handel, transferiert man diese vom Cold Wallet in das Software Wallet bzw. in das Hot Wallet.[362]

Nachdem nun die verschiedenen Arten von Wallets vorgestellt wurden, kann es Sinn machen, eine Kombination der genannten Optionen zu verwenden:

---

360 Vgl. Florian Maier – Computerwoche – So sind Ihre Bitcoins sicher, https://www.computerwoche.de/a/so-sind-ihre-bitcoins-sicher,3544463 – abgerufen am 22.10.2024.

361 Vgl. Markus Schmidt-Ott - Finanzfluss – Bitcoin sicher aufbewahren, https://www.finanzfluss.de/bitcoin-handbuch/bitcoin-sicher-aufbewahren/ – abgerufen am 22.10.2024.

362 Martin Maciej – Giga – Cold Wallet vs. Hot Wallet bei Bitcoins und Co.: Unterschiede, https://www.giga.de/downloads/bitcoin/specials/cold-wallet-vs.-hot-wallet-bei-bitcoin-unterschiede-einfach-erklaert/ – abgerufen am 22.10.2024.

- Ein mobiles Software Wallet auf dem Handy für den täglichen Gebrauch.
- Ein Hardware Wallet zuhause am PC oder Smartphone, um größere Summen zu empfangen und zu senden.
- Für die langfristige Aufbewahrung größerer Summen lohnt sich eine separate Hardware Wallet, die mit einer zusätzlichen Seed Phrase (Wiederherstellungsschlüssel) geschützt und an einem sicheren Ort aufbewahrt wird.

4 Bitcoin und andere Kryptowährungen als Finanzinstrument

Der Leitgedanke bei Bitcoins und allen übrigen Kryptowährungen besteht darin, ein völlig unabhängiges und fälschungssicheres Bezahlsystem zu erschaffen, das weder auf die Entscheidungen von Banken noch von Regierungen angewiesen ist: Eine dezentrale digitale Währung auf Blockchain Basis. Doch sind Kryptowährungen in Deutschland aktuell kein gesetzliches Zahlungsmittel, lassen sich aber mittlerweile auf zahlreichen Internetplattformen einsetzen. Damit erfüllen sie eine Zahlungsfunktion wie jede andere klassische Währung.

Daneben ist mit der digitalen Währung aber auch das Trading, also der professionelle Handel mit Finanzinstrumenten wie Fremdwährungen, Aktien oder Rohstoffen möglich.[363] Kryptowährungen gelten dabei als eine neue Art der Geldanlage, die man als Assetklasse bezeichnet.

Mittlerweile kaufen nicht mehr nur Privatpersonen Coins, sondern auch institutionelle Investoren, also Kapitalmarktteilnehmer von besonderer Größe mit Geschäftsbetrieb, haben digitale Währungen für sich entdeckt. In den nächsten Abschnitten werden Informationen und Kenntnisse über Bitcoin und andere Kryptowährungen als Finanzinstrument diskutiert.

4.1 Begriffsbestimmung: Finanzinstrument

> Ein **Finanzinstrument** ist ein gegenseitiger Vertrag, der bei einem Vertragspartner zu einem finanziellen Vermögenswert führt, während er für die andere Vertragspartei eine finanzielle Verbindlichkeit (Pflicht, Schulden) oder ein Eigenkapitalinstrument darstellt.[364]

---

363 Vgl. Exporo – Bitcoin, https://exporo.de/wiki/bitcoin/ – abgerufen am 22.10.2024.

364 Vgl. 4Rex Impulse - Was sind eigentlich Finanzinstrumente? https://4rex-impulse.com/2023/07/25/was-sind-eigentlich-finanzinstrumente-definition/ – abgerufen am 22.10.2024.

Für beide Parteien in diesem Vertrag entstehen so Rechte und Pflichten:

- Der Käufer hat das Recht, vorab bestimmte Ressourcen zu erhalten, während der Verkäufer die Verpflichtung hat, diese Ressourcen zu liquidieren.

Die Ressource oder der Anlagetyp bezieht sich hier auf die Form, die das Finanzinstrument annimmt. Es könnte sich also um:

- Rohstoffe,
- Aktien,
- Indizes,
- Derivate oder
- Währungen

handeln. Die finanzielle Verpflichtung hingegen kann in Form einer Barzahlung, der Lieferung oder dem Austausch von Wertpapieren oder einer anderen finanziellen Verpflichtung gegenüber einem Unternehmens bestehen.[365]

4.2 Rechtliche Einordnung von Kryptowährungen

Wer in Deutschland gewerbsmäßig Bankgeschäfte betreibt oder Finanzdienstleistungen erbringt, benötigt dazu eine Erlaubnis der Bundesanstalt für Finanzdienstleistungsaufsicht (BaFin). Ein Verstoß gegen die entsprechenden Vorschriften ist strafbar.[366] Nach Auffassung der BaFin handelt es sich bei Bitcoins und anderen Kryptowährungen weder um gesetzliche Zahlungsmittel – wie Devisen oder Sorten – noch um so genanntes E-Geld im Sinne des Zahlungsdiensteaufsichtsgesetzes (ZAG).

---

365 IG Group – Was sind Finanzinstrumente und welche gibt es? https://www.ig.com/de/trading-strategien/was-sind-finanzinstrumente-und-welche-gibt-es-210924 – abgerufen am 22.10.2024.

366 Vgl. Arno Lampmann – Ist der Handel mit Kryptowährungen wie Bitcoin und Ethereum legal? https://www.lhr-law.de/magazin/medienrecht-und-persoenlichkeitsrecht/handel-mit-bitcoin/#:~:text=Arno%20Lampmann,-%C2%A9%20lucadp%20%E2%80%93%20fotolia&text=Der%20Handel%20mit%20Kryptow%C3%A4hrungen%2C%20wie,strafrechtlichen%20%E2%80%93%20Entscheidung%20des%20Kammergerichts%20Berlin. – abgerufen am 22.10.2024.

Was ist der Unterschied zwischen Devisen und Sorten? Und was ist E-Geld?
Ausländisches Geld in Form von Banknoten und Münzen nennt man **Sorten**. Bei **Devisen** dagegen handelt es sich um ausländische Währungen in Form von Bankguthaben.[367]
Elektronisches Geld (E-Geld) ist wiederum digitales Bargeld, das auf einem elektronischen Gerät oder räumlich entfernt auf einem Server gespeichert ist. Ein klassisches Beispiel für herkömmliches E-Geld ist die Chipkarte, die sich aufladen lässt. Verbraucher laden diese Chipkarten an Geldautomaten mit einem bestimmten Wert auf, bar oder direkt vom Girokonto, und können dann vor allem Kleinbeträge wie Fahrkarten oder Verpflegung mit dem Guthaben bezahlen.[368]

Betreffend der vorstehenden Auffassung stuft nach wie vor die BaFin Bitcoins und andere Kryptowährungen gemäß § 1 Absatz 11 Satz 1 Kreditwesengesetz (KWG) als Rechnungseinheiten und damit als Finanzinstrumente ein. Damit stehen Bitcoins und andere Kryptowährungen auf einer Stufe mit anderen Finanzinstrumenten wie Aktien, Anleihen, Devisen etc. Auch in den Märkten für diese Finanzinstrumente legen professionelle Investoren sowie interessierte Privatpersonen Geld mit der Absicht an, Spekulationsgewinne zu erzielen.[369]

Unterdessen entschied das Kammergericht Berlin am 25. September 2018, dass es sich bei Bitcoin gerade nicht um Rechnungseinheiten handele (Az. (4) 161 Ss 28/18 (35/18)). Bitcoin, und damit wohl auch die ähnlich funktionierenden Kryptowährungen, wären damit keine Finanzinstrumente und somit auch nicht vom Regelungsbereich des KWG umfasst. Damit werde der Aufsichtsbehörde BaFin generell die Zuständigkeit für Kryptowährungen

367 Böhms Dax Strategie – Was sind Sorten und was sind Devisen? https://www.boehms-dax-strategie.de/boersenschule/devisen/sorten-und-devisen-was-ist-der-unterschied-zwischen-devisen-und-sorten.html – abgerufen am 22.10.2024.

368 Vgl. Deutsche Bundesbank - E-Geld, https://www.bundesbank.de/de/aufgaben/unbarer-zahlungsverkehr/ueberwachung/e-geld-603588#:~:text=E%2DGeld%20ist%20jeder%20elektronisch,1a(3)%20ZAG%20). – abgerufen am 22.10.2024.

369 Vgl. Benjamin Kirschbaun – Winheller – Bitcoinhandel kann schnell erlaubnispflichtig sein, https://winheller.com/blog/bitcoinhandel-erlaubnispflicht/ – abgerufen am 22.10.2024.

abgesprochen. In der Konsequenz stellt gewerblicher Handel mit Bitcoins ohne entsprechende Erlaubnis im Urteilsfall auch keine Straftat dar.

Die BaFin hat die Entscheidung des Kammergericht Berlin zwar grundsätzlich zur Kenntnis genommen, aber deutlich festgestellt, dass sie an ihrer Einstufung von Kryptowährungen als Rechnungseinheit auch in Zukunft festhalten wird und ihre bestehende und erneut bestätigte Verwaltungspraxis nicht durch ein Urteil eines Strafgerichts aufgehoben wird. Somit befindet sich der Handel mit Bitcoin noch immer in einer gesetzlichen Grauzone. Für die endgültige Einordnung ist nun der Gesetzgeber gefragt.[370]

> Eine **Rechnungseinheit** ist eine standardisierte Einheit, die verwendet werden kann, um den Wert von etwas zu beschreiben. Währungen werden häufig als Rechnungseinheit verwendet, da sie eine Reihe von Eigenschaften aufweisen, die sie für diesen Zweck geeignet machen.[371]

Gegenwärtig ist in der Gestaltungsberatung nicht geraten, sich auf die Auffassung des Kammergerichts Berlin zu berufen. Unternehmen, die Geschäftsmodelle neu auf Basis von Kryptowährungen planen, sollten diese frühzeitig, gegebenenfalls auch mit der BaFin, abklären. Stark vereinfacht kann dabei in einer ersten initiativen Planungsphase folgende grobe Abgrenzung als Denkmuster zugrunde gelegt werden:

- Wer gewerbsmäßig an-/verkauft, bedarf in aller Regel einer Erlaubnis.
- Wer hingegen nur als Dienstleister seine eigenen Leistungen mit Kryptowährungen bezahlen lässt, bedarf grundsätzlich keiner Erlaubnis.[372]

> **Hinweis**: Gleichwohl stellt der Inhalt dieser Zusammenfassung keine Rechtsberatung dar und kann die rechtliche Beratung im Einzelfall nicht ersetzen.

---

370 Versicherungsbote – Bitcoin – BaFin in die Schranken gewiesen, https://www.versicherungsbote.de/id/4872385/Bitcoin-BaFin-in-die-Schranken-gewiesen/ – abgerufen am 22.10.2024.

371 Vgl. Blockchainwelt - Rechnungseinheit, https://blockchainwelt.de/glossar/rechnungseinheit/ – abgerufen am 22.10.2024.

372 Rödl & Partner – Kryptowährungen und die Verwaltungspraxis der BaFin: Was Unternehmen beachten müssen, https://www.roedl.de/themen/rechtsberatung/kryptowaehrung-bitcoin-zahlungsmittel-finanzinstrument-bafin – abgerufen am 22.10.2024.

4.3 Der Erwerb von Bitcoin

Trotz starker Konkurrenz ist der Bitcoin mit Abstand noch immer die wichtigste und wertvollste Währung gemessen an der Marktkapitalisierung am Kryptomarkt.[373] Es gibt mehrere Möglichkeiten, um Bitcoins zu erwerben und zu verkaufen bzw. in Bitcoins zu investieren und an der Entwicklung zu partizipieren.[374]

Originärer Erwerb von Bitcoins

Eine Möglichkeit des Bitcoin Erwerbs ist, dass man Bitcoins physisch kauft und so „echte" Bitcoins besitzt (auch originäre Bitcoin genannt). Diese Form des Erwerbs wird als direkte Anlage bzw. als Direktinvestment bezeichnet.[375]

Anleger können echte Bitcoins an klassischen Kryptobörsen und auf Marktplätzen erstehen:

- Kryptobörsen verkaufen die Coins direkt an den Kunden, der Preis richtet sich dabei nach Angebot und Nachfrage.
- Marktplätze dagegen sind Vermittler, diese stellen nur die Plattform für ein Geschäft zwischen Käufer und Verkäufer. Der Preis hängt zwar auch dort vom Markt ab, die genaue Summe legt jedoch der Verkäufer fest.

Wer echte Bitcoins kauft, ist auch wirklich im Besitz der digitalen Münzen. Ihm ist freigestellt, ob er diese auf der jeweiligen Krypto-Plattform liegen lässt oder die Kryptowährung auf ein externes Wallet transferiert, um sie beispielsweise als Zahlungsmittel zu nutzen.

> Im Übrigen müssen Anleger keinen ganzen Bitcoin kaufen, es können ebenso lediglich Bruchstücke eines Bitcoins erworben werden. Ein „Sa-

373 Martin Schwarz - Coincierge – Bitcoin kaufen in unter 10 Minuten inkl. Anleitung, Anbieter & Tipps, https://coincierge.de/bitcoin-kaufen-in-unter-10-minuten-inkl-anleitung-bitcoin-rechner-tipps/ – abgerufen am 22.10.2024.

374 Vgl. Handelsblatt – Wo Bitcoin kaufen? So kaufen Anleger 2024 bei seriösen Börsen Bitcoin & Co., https://www.handelsblatt.com/vergleich/bitcoin-kaufen/ – abgerufen am 22.10.2024.

375 Vgl. Philipp Frohn – Handelsblatt – So versteuern Anleger den Handel mit Kryptowährungen, https://www.handelsblatt.com/finanzen/banken-versicherungen/banken/bitcoin-ethereum-tether-so-versteuern-anleger-den-handel-mit-kryptowaehrungen-/26243096.html – abgerufen am 15.03.2022.

> toshi“ ist die kleinste Einheit der Kryptowährung Bitcoin. Es entspricht einem Hundertmillionstel Bitcoin (0,00000001 BTC).[376]

Zwar ist Bitcoin eine Digitalwährung, trotzdem muss man diese nicht zwangsläufig über das Internet kaufen. Denn man kann echte Bitcoins auch offline über Privatpersonen gegen Bargeld erwerben. Im Internet gibt es Portale, die private Treffen mit Bitcoin-Besitzern aus der Umgebung vermitteln.[377] Die Transaktion erfolgt live vor Ort und dauert in der Regel einige Minuten. Hierbei sollte auf positive Bewertungen der Händler geachtet werden und es sollte erst bezahlt werden, wenn man eine Bestätigung des Erhalts in seinem Wallet hat.[378]

Eine weitere Möglichkeit, Bitcoins bzw. Kryptowährungen offline zu erwerben, ist die Nutzung von speziellen ATM-Automaten (engl.: Automated Teller Machine bzw. Automatic Teller Machine).

> In Deutschland stehen 24 solcher Bitcoin-ATMs, an denen man mit Bargeld Bitcoin und Ethereum kaufen kann (Stand 30.07.2022). Die Automaten findet man nun auch bei Rewe, Saturn und neuerdings auch bei einer Volksbank in Bayern.[379] Für den Kauf an den Geräten benötigt man eine Wallet, die sich aber vor Ort erstellen lässt. Darüber hinaus braucht man einen Account auf der Website des Anbieters.

Die Registrierung dauert unter Umständen einen Werktag. Für die Anmeldung gibt man persönliche Daten an; eine Identifizierung erfolgt per Video. Anschließend kann man Euros in Bitcoin (BTC) und Ethereum (ETH) eintauschen. Es gelten Mindestbeträge für Transaktionen am Automaten

---

376 Vgl. Handelsblatt – Wo Bitcoin kaufen? So kaufen Anleger 2024 bei seriösen Börsen Bitcoin & Co., https://www.handelsblatt.com/vergleich/bitcoin-kaufen/ – abgerufen am 22.10.2024.

377 Vgl. Finanzen - Bitcoin Cash kaufen – diese Möglichkeiten gibt es, https://www.finanzen.net/ratgeber/bitcoin-cash-kaufen/ – abgerufen am 22.10.2024.

378 Jessie Sperling – Focus – Offline Bitcoins kaufen – so geht's, https://praxistipps.focus.de/offline-bitcoins-kaufen-so-gehts_127176 – abgerufen am 15.03.2022.

379 Vgl. Tristan Filges – Business Insider – Ich habe Bitcoin an einem Automaten im Kiosk gekauft – darum würde ich es nicht wieder tun, https://www.businessinsider.de/wirtschaft/finanzen/ich-habe-bitcoin-an-einem-automaten-im-kiosk-gekauft-darum-wuerde-ich-es-nicht-wieder-tun-b/ – abgerufen am 22.10.2024.

und es fallen Transaktionsgebühren an, die häufig höher liegen als auf digitalen Handelsplattformen.[380]

Derivative Erwerb von Bitcoins

Während bei einer direkten Anlage „echte" Bitcoins erworben werden, kann auch lediglich in die EWertentwicklung des Bitcoins investiert werden. Diese Ausführung wird dann als indirekte Anlage bzw. als indirektes Investment bezeichnet.[381] Dabei handelt es sich um derivative Finanzinstrumente wie beispielsweise finanzielle Contracts for Difference (kurz CFD) bzw. Differenzkontrakte und Bitcoin-Zertifikate, die den Kursverlauf von Kryptowerten abbilden.

Man besitzt den Bitcoin dann aber nicht physisch, bzw. besitzt also keine digitale Münze oder Datei, sondern hält lediglich ein Wertpapier in den Händen. Anleger spekulieren hier also auf den künftigen Wert des Bitcoins.[382] Solche Investments können bei einem der zahlreichen Online Broker gehandelt werden.[383] Beim Handel mit CFDs, z. B. gibt es weiterhin die Besonderheit, dass man die Möglichkeit hat, sowohl an steigenden als auch an fallenden Kursnotierungen zu partizipieren. Im Fachjargon werden hierfür auch die Ausdrucksweisen „long gehen" und „short gehen" verwendet.

Was versteht man unter „long gehen" oder „short gehen"?
Wenn man in Erwartung steigender Kurse „long geht" (long = lang), kauft man einen Contract for Difference (CFD), den man später zu einem höheren Kurs wieder verkauft. Erwartet man fallende Kurse,

---

380 Vgl. Computerbild – Kryptowährungen: Rewe verkauft jetzt Bitcoin & Co., https://www.computerbild.de/artikel/cb-News-Finanzen-Kryptowaehrungen-Rewe-Verkauf-Bitcoin-33263369.html – abgerufen am 22.10.2024.

381 Vgl. Philipp Frohn – Handelsblatt – So versteuern Anleger den Handel mit Kryptowährungen, https://www.handelsblatt.com/finanzen/banken-versicherungen/banken/bitcoin-ethereum-tether-so-versteuern-anleger-den-handel-mit-kryptowaehrungen-/26243096.html – abgerufen am 15.03.2022.

382 Vgl. Charlotte Raskopf – Capital - Was Anleger bei Bitcoin-Investments beachten sollten: 5 Regeln, https://www.capital.de/geld-versicherungen/was-anleger-bei-bitcoin-investments-beachten-sollten-5-regeln – abgerufen am 22.10.2024.

383 Handelsblatt – Kryptowährungen kaufen 2024: Wie und wo können Anleger Kryptos günstig erwerben? https://www.handelsblatt.com/kryptowaehrung/, – abgerufen am 22.10.2024.

dann „geht man short“ (short = kurz, knapp). Das bedeutet, man verkauft zunächst einen Contract for Difference (CFD), den man später zu einem tieferen Kurs zurückkauft.[384]

Andere Anlagemöglichkeiten oder andere Finanzprodukte, die ebenso an Kryptowährungen gekoppelt sind, die also den Kurs des Bitcoin nachbilden, sind Bitcoin-Aktien. Auch ETPs (engl.: Exchange Traded Products) und ETNs (engl.: Exchange Traded Notes) können den Bitcoin abbilden.[385] Bei den oben genannten Bitcoin-Aktien handelt es sich um Aktien von Unternehmen, die direkt oder indirekt von steigenden Bitcoin-Kursen profitieren – etwa Kryptobroker oder Unternehmen, die z. B. Ausrüstung zum Krypto-Mining zur Verfügung stellen oder für die Blockchain interessante Patente besitzen.[386] ETPs und ETNs werden noch umfassender thematisiert.

Die Speichermethoden für Kryptowährungen (Arten von Wallets) wurden bereits in einem der vorherigen Kapitel detailliert erläutert. Während bei einem echten (direkten) Bitcoin-Kauf ein Wallet nötig ist, muss sich bei einem Erwerb/Handel von indirekten Finanzprodukten in der Regel kein Wallet zugelegt werden. Der Kunde hat auf der Handelsplattform des Brokers ein CFD-Tradingkonto (Handelskonto) oder ein Depot.[387] Der Bitcoin eignet sich schließlich bei diesen Brokern also nur als Spekulationsgut und kann somit nicht als digitales Zahlungsmittel eingesetzt werden.

---

384 Vgl. Comdirect – Steigende und fallende Kurse handeln, https://www.comdirect.de/wertpapierhandel/cfd/grundlagen/steigende-und-fallende-kurse-handeln.html – abgerufen am 22.10.2024.

385 Vgl. Tagesschau - Was die Zulassung der Bitcoin-ETF bedeutet, https://www.tagesschau.de/wirtschaft/boerse/faq-bitcoin-etf-100.html#:~:text=Mit%20ETF%20wird%20normalerweise%20ein,die%20Preisentwicklung%20des%20Bitcoin%20wider. – abgerufen am 22.10.2024.

386 Vgl. Computer Bild – Bitcoin-Aktien kaufen 2024: Welche Aktien, ETF, ETN kaufen statt Kryptowährungen? https://www.computerbild.de/artikel/cb-Tipps-Finanzen-Bitcoin-Aktien-kaufen-26343799.html, – abgerufen am 22.10.2024.

387 Vgl. S Broker - Kostengünstig in Kryptowährungen und Megatrends investieren beim S Broker, https://www.sbroker.de/wir-ueber-uns/wir-ueber-uns/presse/pressemitteilungen/kostenguenstig-in-kryptowaehrungen-und-megatrends-investieren.html – abgerufen am 22.10.2024.

Risiken beim direkten Erwerb und beim Handel mit Kryptowährungen

Die Bundesanstalt für Finanzdienstleistungsaufsicht (BaFin) warnt nicht nur vor den Risiken bei einem direkten Erwerb von Kryptowerten. Riskant sind auch die soeben beschriebenen derivativen Finanzinstrumente (Finanzanlagen). Die BaFin weist ausdrücklich darauf hin, dass Verbraucher bei allen diesen Anlagen erhebliche Kapitalverluste erleiden können. Auch ein Totalverlust ist möglich. Aus der hohen Volatilität und möglichen Illiquidität von Kryptowerten entstehen Risiken, die immer bei einer Anlageentscheidung berücksichtigt werden müssen.[388]

Was bedeutet Volatilität? Was versteht man unter Illiquidität?
Vereinfacht gesagt, handelt es sich bei der **Volatilität** um große (steigende oder fallende) Kursbewegungen in einer kurzen Zeitspanne.[389] Kryptowährungen gelten als besonders volatil. Sie bergen damit ein höheres Risiko, aber eben auch Chancen auf Kursgewinne.
Illiquidität bedeutet dagegen eine Zahlungsunfähigkeit. Wenn eine Kryptowährung „liquide" ist, bedeutet dies, dass diese Währung einfach und schnell zum besten Marktpreis gehandelt werden kann. Nicht nur die Währung selbst sollte liquide sein, sondern auch die Kryptobörse, an der man die Kryptowährung kaufen und verkaufen kann, sollte eine hohe Liquidität aufweisen.[390]

---

388 Bundesanstalt für Finanzdiensleistungsaufsicht – Investments in Kryptowerte: BaFin warnt vor Risiken und Anlagetipps in den sozialen Medien, https://www.bafin.de/SharedDocs/Veroeffentlichungen/DE/Meldung/2022/meldung_2022_02_07_warnung_vor_investments_in_kryptowerte.html – abgerufen am 22.10.2024.

389 Vgl. Compeon - Volatilität, https://www.compeon.de/glossar/volatilitaet/ – abgerufen am 22.10.2024.

390 Vgl. Coinmerce – Was bedeutet Liquidität und warum ist sie wichtig? https://coinmerce.io/de/lernen/was-bedeutet-liquiditat-und-warum-ist-sie-wichtig/#:~:text=Liquidit%C3%A4t%20gibt%20an%2C%20wie%20einfach,man%20von%20hoher%20Liquidit%C3%A4t%20sprechen. – abgerufen am 22.10.2024.

Die Gründe für die gerade erwähnte hohe Volatilität des Bitcoins sind vielfältig:

- Die Fluktuationen im Preis lassen sich unter anderem auf die Neuheit der Technologie zurückführen.
- Auf Newsmeldungen reagiert der Markt daher zum Teil irrational und überhastet.[391]
- Zudem hat Bitcoin das höchste Handelsvolumen aller Kryptowährungen. Vergleicht man den Kryptowährungsmarkt z. B. mit dem Goldmarkt, erkennt man deutliche Größenunterschiede und genau darin liegt das Problem. Dadurch, dass kleinere Summen am Kryptowährungsmarkt gehandelt werden, kommt es zu starken Preisschwankungen. Wäre das Tradingvolumen von Bitcoin genauso hoch wie das von Gold, wäre auch der Kurs stabiler.[392]
- Aber auch wenn so genannte Bitcoin-Wale ihre Kryptowährungen bewegen oder in großem Stil verkaufen oder zukaufen, schlägt das „Wellen" im Kurs.

> Als **Wale** bezeichnet man im Kryptobereich solche Anleger, die unverhältnismäßig große Mengen einer Kryptowährung wie z. B. Bitcoin besitzen. Aufgrund des Vorhandenseins von **„Bitcoin-Walen"** leidet der Bitcoin-Handel auch unter Manipulation. Nur wenige Bitcoin-Wale sind notwendig, um den Bitcoin-Markt aus dem Gleichgewicht zu bringen und Platz für Manipulation zu schaffen, was in sehr starken Preisbewegungen resultieren kann.[393]

Im Zusammenhang mit dem zuvor angemerkten Trading-Volumen ist Folgendes noch anmerkenswert: Aufgrund der Volatilität von Bitcoin und anderen Kryptowährungen eignen sich diese kaum als Zahlungsmittel. Das könnte sich allerdings ändern, wenn die Mining-Belohnungen durch Transaktionsgebühren ersetzt werden würden. Dann verursacht jede Transaktion

---

391 Klemens Kilic – GQ Magazin – Warum der Wert von Kryptowährungen so stark schwankt, https://www.gq-magazin.de/auto-technik/article/woher-kommt-die-volatilitaet-von-kryptowaehrungen – abgerufen am 22.10.2024.

392 Vgl. Bitcoin News - Warum schwankt der Bitcoin-Kurs? https://bitcoinnews.ch/28953/bitcoin-preis-crash-41300/ – abgerufen am 22.10.2024.

393 Vgl. BTC Echo - Bitcoin Wal, https://www.btc-echo.de/academy/bibliothek/bitcoin-wal/ – abgerufen am 22.10.2024.

Kosten, was bei Tradern dazu führen könnte, dass sie den Handel mit Bitcoin reduzieren.[394]

> Ein **Trader** (Händler) nimmt an den Finanzmärkten teil, indem er Wertpapiere oder andere Finanzinstrumente kauft und verkauft, Positionen in kurzen Zeitabständen öffnet und schließt, um auf diese Weise kleine, aber dafür häufige Gewinne zu erzielen.[395]

Ein weiterer wissenswerter Parameter, der in der Finanzwirtschaft neben der eben beschriebenen Volatilität oft herangezogen wird, um Risiken eines Portfolios zu reduzieren, ist die Korrelation[396].

> Die **Korrelation** hat ihre Bedeutung in der Portfoliotheorie. Vereinfacht gesagt, bedeutet die Korrelation in der Portfoliotheorie, dass sie den Zusammenhang zwischen den Kursverläufen einer Anlageklasse (Asset)[397] oder zweier Investments ausdrückt.
> Gemessen wird die Korrelation in Form des **Korrelationskoeffizienten**. Gibt man die Korrelation etwas ausführlicher wieder, so misst die Korrelation den Zusammenhang zwischen zwei Variablen, beispielsweise zwischen einer Aktie (Wertpapier) und einem Index (Wertpapierkorb), während der Korrelationskoeffizient auf einer Skala von -1 („entgegengesetzter" Verlauf bzw. negative Korrelation) bis +1 („gleichlaufender" Verlauf bzw. positive Korrelation) gemessen wird.

394 Vgl. Krypto Magazin - Block Reward beim Bitcoin: Wie funktioniert es? https://www.krypto-magazin.de/block-reward-beim-bitcoin-wie-funktioniert-es/ – abgerufen am 22.10.2024.

395 Vgl. Anzél Killian – IG Group – Trading oder Investieren: Wo liegt der Unterschied? https://www.ig.com/de/trading-strategien/trading-oder-investieren-wo-liegt-der-unterschied-200107 – abgerufen am 22.10.2024.

396 Vgl. Private Banking Magazin – Was Volatilität mit der Korrelation zwischen Asset-Klassen zu tun hat, https://www.private-banking-magazin.de/axa-zu-multi-asset-fonds-was-volatilitaet-mit-der-korrelation-zwischen-asset-klassen-zu-tun-hat/ – abgerufen am 22.10.2024.

397 Vgl. Susanne Kazemieh – Focus – Korrelation, https://www.focus.de/finanzen/boerse/lexikon/boersenlexikon-korrelation_id_10833660.html – abgerufen am 22.10.2024.

Bei einem Korrelationskoeffizienten von 0 besteht kein Zusammenhang der Kursverläufe.[398]

Bezüglich der eben beschriebenen Korrelation gilt grundsätzlich: Je weniger die Finanzanlagen voneinander abhängen, desto weniger Risiko ist im Portfolio vorhanden.[399] Anders ausgedrückt: Je stärker Anlageprodukte miteinander korrelieren, umso schlechter gelingt die Risikostreuung.

Hierzu ein **Beispiel**: Steigende Aktienkurse gehen häufiger mit einem schwächelden Goldpreis einher und umgekehrt. Der Grund ist folgender: In der Phase der Hochkonjunktur (Boom) setzen Anleger bevorzugt auf Aktien in der Hoffnung auf weitere Kursgewinne und hohe Ausschüttungen. Das „unverzinste" Gold erscheint dann wenig attraktiv. In unsicheren Börsenzeiten wird dagegen das Gold als „sicherer Hafen" gesucht.[400]

In diesem Zusammenhang ist jedoch zu beachten, dass Wechselwirkungen sich im Zeitablauf oder situationsbedingt ändern können.

Was ist ein Portfolio?
In der Finanzwirtschaft ist ein **Portfolio** eine Sammlung bzw. ein Bestand von mehreren Investitionen und Geldanlagen. So befinden sich beispielsweise in dem Anlagenportfolio eines Unternehmens oder einer Person alle ihr gehörenden Aktien, Anleihen, Immobilien und weitere Vermögenswerte.
Die **Portfoliotheorie** beschäftigt sich hingegen mit der Frage, welchem (Verlust-)Risiko ein Portfolio ausgesetzt ist und wie ein Portfolio

---

398 Vgl. Wiener Börse – Korrelation, https://www.wienerborse.at/wissen/boersenlexikon/buchstabe-k/korrelation-begriff-im-boersenlexikon/#:~:text=Die%20Korrelation%20misst%20den%20Zusammenhang,%2B1%20(synchroner%20Verlauf). – abgerufen am 22.10.2024.

399 Exporo – Diversifikation, https://exporo.de/wiki/diversifikation/ – abgerufen am 22.10.2024.

400 Vgl. Susanne Kazemieh – Focus – Korrelation, https://www.focus.de/finanzen/boerse/lexikon/boersenlexikon-korrelation_id_10833660.html – abgerufen am 22.10.2024.

unter Rendite- und Risikogesichtspunkten optimal zusammengesetzt werden kann.

Wenn man ein so genanntes „Multi Asset Portfolio" konstruiert (entwickelt), muss es gut diversifiziert sein, um die Volatilität einzelner Asset-Klassen (Anlageklassen) abzufedern. Verzeichnet eine Asset-Klasse einen Minderertrag, muss man eine andere haben, die dies ausgleicht und den Minderertrag durch eine gute Wertentwicklung abfedert. Die Lösung sind negative Korrelationen zwischen den Asset-Klassen im Portfolio. Wenn es gelingt, ein Portfolio zu entwickeln, dessen Asset-Klassen negativ miteinander korreliert sind, kann dadurch die gewünschte Diversifikation erreicht werden, und damit eine sehr viel stetigere und stabilere Performance (Ausdruck für die Ertragskraft einer Kapitalanlage).[401]

Das Ziel bei Investments (Geldanlagen) ist grundsätzlich eine gute Risikostreuung durch Diversifikation.

Was ist ein Multi Asset Portfolio?
Mit einem Investment in ein **Multi Asset Portfolio** investiert der Anleger in verschiedene Anlageklassen. Diese Strategien investieren neben Aktien und Anleihen meist auch in andere Anlageklassen wie Rohstoffe, Immobilien oder Geldmarkt. Sie verfolgen damit zwei wesentliche Ziele: Performance und Diversifikation.[402]
Unter **Diversifikation** versteht man die Verteilung von Risiken auf mehrere Risikoträger mit einer möglichst geringen Korrelation. In einem Portfolio wird im Zuge dessen das Vermögen auf unterschiedliche Investments verteilt.

Die Korrelation bei einer Geldanlage wurde nun ausführlich beschrieben. Ergänzend dazu kann noch angefügt werden, dass Anlagen innerhalb einer

401 Vgl. Private Banking Magazin – Was Volatilität mit der Korrelation zwischen Asset-Klassen zu tun hat, https://www.private-banking-magazin.de/axa-zu-multi-asset-fonds-was-volatilitaet-mit-der-korrelation-zwischen-asset-klassen-zu-tun-hat/ – abgerufen am 22.10.2024.

402 Markus Jordan – extraETF – Investieren in Multi-Asset-Portfolios, https://de.extraetf.com/ratgeber/investieren-in-multi-asset-etfs – abgerufen am 22.10.2024.

Anlageklasse meist eine mehr oder weniger starke positive Korrelation aufweisen[403] („gleichlaufender" Verlauf). Wer sich Kryptowerte ins Portfolio „holt", für den ist interessant zu wissen, inwieweit die Kryptowährungen denselben Bewegungen folgen. Gibt es eine hohe Korrelation, geht der Anleger ein höheres Risiko ein, sollte es am Kryptomarkt abwärts gehen.

Kommt beispielsweise der Bitcoin unter Druck, so wird man beobachten, dass meist auch die anderen Altcoins darunter leiden, d. h., die Kurse ebenfalls fallen. Es scheint also eine Korrelation der verschiedenen digitalen Währungen zu geben. Wie genau die aussieht, werden von einigen Kryptobörsen in ihren jährlichen Berichten zur Korrelation von Cyberdevisen analysiert. Hintergrund ist, dass Anleger, die sich Kryptowährung ins Depot holen, sich mit ihrer Auswahl von digitalen Coins gegen etwaige Verluste absichern möchten und Internetwährungen wählen, die nicht zwangsläufig immer gleichzeitig die gleiche Richtung einschlagen.[404]

Steuerliche Behandlung von Bitcoin und anderen Kryptowährungen

Ein schnell übersehener Aspekt beim digitalen Geldverdienen ist das Thema Steuern: Bitcoins und andere Kryptowährungen stellen einen wirtschaftlichen Vorteil dar. Deswegen gelten die steuerlichen Regelungen, die auch bei realen Währungen greifen.[405] Kryptowährungen zählen in Deutschland steuerlich als „sonstige Wirtschaftsgüter". Der Verkauf zählt wiederum steuerlich als so genanntes privates Veräußerungsgeschäft.

Es gibt zwei Fälle, in denen Privatleute ihre Handelsgewinne nicht versteuern müssen:

---

403 Vgl. Susanne Kazemieh – Focus – Korrelation, https://www.focus.de/finanzen/boerse/lexikon/boersenlexikon-korrelation_id_10833660.html – abgerufen am 22.10.2024.

404 Finanzen – Gefangen im Sog: Die Korrelation der Kryptowährungen, https://www.finanzen.net/nachricht/devisen/krypto-beziehungen-gefangen-im-sog-ethereums-einfluss-auf-altcoins-die-korrelation-der-kryptowaehrungen-8464231#:~:text=Gefangen%20im%20Sog%3A%20Ethereums%20Einfluss%20auf%20Altcoins%20%2D%20Die%20Korrelation%20der%20Kryptow%C3%A4hrungen&text=Wer%20sich%20Kryptowerte%20ins%20Portfolio,es%20am%20Kryptomarkt%20abw%C3%A4rts%20gehen – abgerufen am 22.10.2024.

405 Vgl. Sparkasse – Kryptowährung: Das steckt hinter dem Bitcoin, https://www.sparkasse.de/pk/ratgeber/finanzplanung/investieren/bitcoin.html – abgerufen am 22.10.2024.

- Zum einen gilt bei Kryptowährungen eine einjährige Spekulationsfrist: Wer seine Coins also mindestens ein Jahr lang im digitalen Portemonnaie (Wallet) hält, muss etwaige Veräußerungsgewinne nicht **versteuern**. Verkaufen Privatleute dagegen ihre Anteile früher, müssen sie den Gewinn aus dem Handel zu ihrem individuellen bzw. zu ihrem persönlichen Einkommensteuersatz versteuern (Stand 10.02.2023).[406]
- Zweitens gilt ab 2024 eine Freigrenze von 1.000 Euro pro Jahr (2023 und früher 600 Euro). Wer unter dieser Gewinnschwelle bleibt, muss keine Steuern zahlen. Wird die Freigrenze von 1.000 Euro erreicht bzw. ist der Gewinn auch nur um einen Euro höher (1.001 Euro), ist man zur Besteuerung des kompletten Gewinns verpflichtet (Stand 4.10.2022 sowie aktualisiert am 19.04.2024).

Doch was heißt Krypto-Gewinn überhaupt? Das ist zunächst einmal der positive Differenzbetrag zwischen An- und Verkaufspreis.[407] Für die Ermittlung der Steuer sind Anschaffungspreis und -zeitpunkt ausschlaggebend. Daher sollte man immer notieren, wann man die digitale Währung kauft und zu welchem Preis.[408]

Komplizierter wird das Ganze allerdings dann, wenn Anleger ihre Coins zu unterschiedlichen Zeitpunkten ge- oder verkauft haben. Um dennoch den Gewinn berechnen zu können, existieren verschiedene Methoden. Am weitesten verbreitet ist die „First in first out"-Methode (FIFO). Hier wird einfach unterstellt, dass die Coins, die ein Trader zuerst gekauft hat, auch die sind, die er zuerst wieder verkauft. Anleger dürfen sich auch für eine komplexere Berechnungsmethode entscheiden. Wichtig ist nur: Wer sich

---

406 Vgl. Smart Steuer – Kryptowährung und die Steuererklärung – das sollten Sie wissen! https://www.smartsteuer.de/online/steuerwissen/kryptowaehrung-und-steuererklaerung/#:~:text=Kryptow%C3%A4hrungen%20z%C3%A4hlen%20in%20Deutschland%20als,einem%20Jahr%20bleiben%20Gewinne%20steuerfrei. – abgerufen am 22.10.2024.

407 Johanna Stein – Capital – Bitte ein Bitcoin: Wie Anleger ihre Gewinne aus Kryptowährungen versteuern, https://www.capital.de/geld-versicherungen/bitte-ein-bitcoin--wie-anleger-ihre-gewinne-aus-kryptowaehrungen-versteuern--32656392.html#:~:text=Wer%20seine%20Coins%20also%20mindestens,14%20und%2045%20Prozent%20liegt. – abgerufen am 22.10.2024.

408 Sparkasse – Bitcoin & Co.: Digitalwährungen auf dem Prüfstand, https://www.sparkasse.de/themen/geldanlage/bitcoin.html – abgerufen am 10.07.2022.

einmal für eine Methode entschieden hat, kann nicht mehr wechseln. Denn je nach Rechenmethode fällt der Gewinn unterschiedlich hoch aus.[409]

Im Zusammenhang mit der steuerlichen Behandlung von Bitcoins und anderen Kryptowährungen ist noch Folgendes bemerkenswert: Entstehen beim Handel mit Bitcoins, Kryptowährungen & Co. Verluste, lassen sich diese steuerlich verrechnen. Verluste aus der Veräußerung von Bitcoins und Co. können jedoch nur mit Gewinnen aus anderen privaten Veräußerungsgeschäften - frühere Bezeichnung Spekulationsgeschäfte - [410] (im Sinne des § 23 EStG) verrechnet werden. Dabei ist nur ein innerhalb der einjährigen Haltefrist realisierter Verlust steuerlich verrechenbar. Außerhalb der Haltefrist von einem Jahr kann ein Verlust nicht verrechnet werden.[411]

Auch die im vorherigen Kapitel diskutierten Anlageformen bzw. Finanzanlagen haben Auswirkungen auf die Versteuerung des Gewinns:[412] Statt die Gewinne aus dem Handel mit Bitcoins bei Privatleuten wie üblich über die Einkommensteuer abzurechnen, wird dafür – für die meisten Finanzanlagen – die Kapitalertragsteuer fällig.[413]

---

409 Johanna Stein – Capital – Bitte ein Bitcoin: Wie Anleger ihre Gewinne aus Kryptowährungen versteuern, https://www.capital.de/geld-versicherungen/bitte-ein-bitcoin--wie-anleger-ihre-gewinne-aus-kryptowaehrungen-versteuern--32656392.html#:~:text=Wer%20seine%20Coins%20also%20mindestens,14%20und%2045%20Prozent%20liegt – abgerufen am 22.10.2024.

410 Birgitta Dennerlein – Gabler Wirtschaftslexikon – privates Veräußerungsgeschäft, https://wirtschaftslexikon.gabler.de/definition/privates-veraeusserungsgeschaeft-46072 – abgerufen am 22.10.2024.

411 Vgl. Private Banking Magazin – Wie man steuerlich mit Verlusten aus Krypto-Investments umgeht, https://www.private-banking-magazin.de/handlungsempfehlung-zum-jahresende-wie-man-steuerlich-mit-verlusten-aus-krypto-investments-umgeht/?page=2#:~:text=Verluste%20aus%20Krypto%2DInvestments%20und%20deren%20Verrechnung&;text=Nur%20ein%20innerhalb%20der%20einj%C3%A4hrigen,ein%20Verlust%20nicht%20verrechnet%20werden. – abgerufen am 16.07.2022.

412 Vgl. Handelsblatt – Wo Bitcoin kaufen? So kaufen Anleger 2024 bei seriösen Börsen Bitcoin & Co, https://www.handelsblatt.com/vergleich/bitcoin-kaufen/ – abgerufen am 22.10.2024.

413 Vgl. Smart Steuer – Kryptowährung und die Steuererklärung – das sollten Sie wissen! https://www.smartsteuer.de/online/steuerwissen/kryptowaehrung-und-steuererklaerung/#:~:text=Kryptow%C3%A4hrungen%20z%C3%A4hlen%20in%20Deutschland%20als,einem%20Jahr%20bleiben%20Gewinne%20steuerfrei. – abgerufen am 22.10.2024.

Die Kapitalertragsteuer
Die **Kapitalertragsteuer (KapESt)** ist eine Form der Einkommensteuer und ist im Einkommensteuergesetz (EStG) geregelt. Sie wird auf alle Kapitalerträge aus Geldanlagen erhoben. Dazu zählen: Zinsen, z. B. vom Girokonto, Tagesgeld oder Festgeld,[414] sowie Aktien.

Hinweis: Gleichwohl stellt der Inhalt dieser Zusammenfassung keine Steuerberatung dar und kann die steuerliche Beratung im Einzelfall nicht ersetzen.

414 Weltsparen – Kapitalertragsteuer (KapESt): Wie hoch ist sie und wann fällt sie an? https://www.weltsparen.de/steuer/kapitalertragsteuer/ – abgerufen am 22.10.2024.

5 Aussicht

Manche Finanzportale drückten es als Meilenstein in der Geschichte von Kryptowährungen aus, als sie im Januar 2024 in ihren Ausgaben darüber berichteten, dass die US-Börsenaufsicht United States Securities and Exchange Commission (kurz SEC) grünes Licht für die Einführung von Bitcoin-ETFs gegeben hat.[415] Damit hat die Börsenaufsicht SEC in den USA die ersten börsengehandelten Bitcoin-ETF genehmigt.[416]

Bei den zugelassenen Bitcoin-ETFs handelt es sich um Spot ETFs.

> Ein **ETF** (engl.: Exchange Traded Fund) ist ein börsengehandelter Indexfonds, der normalerweise die Wertentwicklung eines Index, wie beispielsweise des DAX (Deutscher Aktienindex) oder den MSCI World (Morgan Stanley Capital International) abbildet.[417]

Die neuen Bitcoin-ETF bilden nun aber keinen Index ab, sondern spiegeln die Preisentwicklung des Bitcoin wider.[418] Bei einem ETF ist auch von einem passiv gemanagten Anlagefonds die Rede. Was die Gebühren bei einem ETF betrifft, sind solche passiv gemanagten Anlagefonds kostengünstiger als aktiv gemanagte Fonds, da der Verwaltungsaufwand und damit auch die Verwaltungsgebühren niedriger sind.

---

415 Vgl. Philipp Frohn – Wirtschaftswoche – Bitcoin-Spot-ETF genehmigt: Der Krypto-Welt steht eine Revolution bevor, https://www.wiwo.de/finanzen/geldanlage/us-boersenaufsicht-sec-bitcoin-spot-etf-genehmigt-der-krypto-welt-steht-eine-revolution-bevor/29587024.html – abgerufen am 22.10.2024.

416 Vgl. Tagesschau – US-Börsenaufsicht genehmigt Bitcoin Fonds – https://www.tagesschau.de/wirtschaft/weltwirtschaft/bitcoin-etf-sec-100.html – abgerufen am 22.10.2024.

417 Vgl. Dominique Riedl - JustETF – Was sind ETFs einfach erklärt, https://www.justetf.com/de/academy/was-sind-etfs.html – abgerufen am 22.10.2024.

418 Tagesschau – Was die Zulassung der Bicoin-ETF bedeutet, https://www.tagesschau.de/wirtschaft/boerse/faq-bitcoin-etf-100.html#:~:text=Mit%20ETF%20wird%20normalerweise%20ein,die%20Preisentwicklung%20des%20Bitcoin%20wider. – abgerufen am 22.10.2024.

Was bedeutet Spot?
Im Handel (Börse) ist **Spot bzw. Kassakurs** der Preis für ein Finanzinstrument, das sofort geliefert wird, bzw. dessen Wert zu einem genau bestimmten Zeitpunkt. Das Gegenteil des Spot ist der Futures Kurs.[419]

MSCI World
Beim **MSCI World** handelt es sich um einen international beachteten Aktienindex, der die Entwicklung der weltweiten Aktienmärkte darstellt.

In Zusammenhang mit der Genehmigung der SEC ist es wichtig zu wissen, dass trotz der Zulassung der SEC-Chef anmerkte, dass die Zulassung keine Unterstützung der Aufsichtsbehörde für den Bitcoin bedeute. Im Gegenteil: Die Börsenaufsicht warnt US-Anleger stets vor Risiken von Krypto-Anlagen wie den enormen Kursschwankungen (Volatilität) und auch davor, dass die Produkte anfällig für Marktmanipulationen seien, und warnt Anleger trotz der Zulassung davor, in Krypto zu investieren.

> Jahrelang hatte sich die Aufsichtsbehörde gegen die Genehmigung von Bitcoin-ETF gesperrt. Doch vergangenes Jahr hatte sie nach der Ablehnung eines Antrags der Firma Grayscale eine Niederlage vor Gericht einstecken müssen: Ein Berufungsgericht befand, die Entscheidung sei willkürlich gewesen, da die SEC nicht den Unterschied zu zugelassenen anderen Anlagen deutlich gemacht habe. Schließlich hat die SEC nun Bitcoin-ETFs zugelassen.

Mancher Marktbeobachter liest die Entscheidung der Börsenaufsicht daher so: Die SEC habe akzeptiert, dass man ein dezentrales Gut wie den Bitcoin nicht verbieten könne. Dann aber schränke man zumindest die Plattformen

---

419 IG – Spot Definition, https://www.ig.com/de/trading-glossar/spot-definition#:~:text=Im%20Handel%20ist%20Spot%20der,Kassakurs%20ist%20der%20Futures%20Kurs. – abgerufen am 22.10.2024.

ein, auf denen man mit ihnen handeln kann und überlasse das Feld lieber etablierten Finanzunternehmen.[420]

Trotz der kritischen Haltung der SEC gegenüber der Kryptobranche äußert sich manch ein Finanzexperte auch dahingehend, dass das Anlegen in Bitcoin-ETFs für Anleger dennoch auch Vorteile haben könne.

> „Der große Vorteil von diesen ETF ist, wenn sie bei Firmen mit hoher Reputation wie BlackRock gekauft werden, der, dass sie die Unsicherheit und die Risiken minimieren."[421]

> Mit über 10 Billionen US-Dollar an verwaltetem Vermögen ist BlackRock der weltgrößte Vermögensverwalter (Artikel vom 12.01.2024).[422] Analysten und Marktbeobachter gehen davon aus, dass durch die Genehmigung von Bitcoin-Fonds viel Kapital in den Sektor fließen dürfte, da nun Vermögensverwalter wie soeben genannt BlackRock, Ark Investments und 21Shares, Fidelity, Invesco und VanEck nun börsennotierte Fonds auf den Markt bringen können, die direkt in Bitcoins investieren.[423]
> Die Bedeutung der ETF-Zulassung kann man auch an dem Kurs der vergangenen Monate ablesen: Mitte Oktober 2023, bevor Gerüchte über eine bevorstehende Zulassung kursierten, lag der Kurs bei rund 26.500 US-Dollar. Vor der SEC-Entscheidung stieg der Bitcoin auf knapp 48.000 US-Dollar. Krypto-Anleger rechnen durch den Einstieg der traditionellen Finanzwirtschaft in den Bitcoin-Markt mit einer erhöhten Nachfrage nach Bitcoin. Das würde zwangsläufig zu einer Kurssteigerung führen, weil die Gesamtzahl der Bitcoins auf 21 Millionen begrenzt ist.

---

420 Vgl. Philipp Frohn – Wirtschaftswochen, Bitcoin-Spot-ETF genehmigt: Der Kryptowelt steht eine Revolution bevor, https://www.wiwo.de/finanzen/geldanlage/us-boersenaufsicht-sec-bitcoin-spot-etf-genehmigt-der-krypto-welt-steht-eine-revolution-bevor/29587024.html – abgerufen am 22.10.2024.

421 Vgl. Tagesschau – US-Börsenaufsicht genehmigt Bitcoin Fonds, https://www.tagesschau.de/wirtschaft/weltwirtschaft/bitcoin-etf-sec-100.html – abgerufen am 22.10.2024.

422 Vgl. Fondsprofessionell – BlackRock knackt Zehn-Millionen-Marke und kauft für Milliarden zu, https://www.fondsprofessionell.de/news/unternehmen/headline/blackrock-knackt-zehn-billionen-marke-und-kauft-fuer-milliarden-zu-230031/ – abgerufen am 22.10.2024.

423 Vgl. Tagesschau – US-Börsenaufsicht genehmigt Bitcoin Fonds, https://www.tagesschau.de/wirtschaft/weltwirtschaft/bitcoin-etf-sec-100.html – abgerufen am 22.10.2024.

Der Bitcoin-Kurs schwankt nun bekanntermaßen sehr stark und Prognosen für den weiteren Verlauf sind jedoch schwierig. Grundsätzlich kann aber davon ausgegangen werden, dass die Genehmigung eine große Signalwirkung erzeugt hat und für den Bitcoin deutlich mehr Professionalisierung schaffen wird.

Die Genehmigung des ersten echten Bitcoin-ETFs könnte ein weiterer wichtiger Schritt für die Akzeptanz von Kryptowährungen darstellen. Denn durch den Segen der US-Börsenaufsicht geht der Krypto-Gigant einen zusätzlichen Schritt in Richtung Massentauglichkeit:

- Zum einen wird immer mehr konservativen Anlegern der einfache Zugang zu Cyberdevisen eröffnet und,
- zum anderen könnten auch deutlich mehr institutionelle Anleger in den Bitcoin einsteigen. Denn der Bitcoin-ETF hält physische Bitcoins, was als entscheidendes Kriterium für eine Investition angesehen wird.

Dies wird sicherlich noch eine Weile dauern. Der Bitcoin kommt nun aber so langsam auch im Mainstream an.

Auf der anderen Seite sehen Kritiker den Einstieg der traditionellen Finanzwirtschaft wiederum skeptisch, auch weil der Bitcoin einst als Gegenreaktion auf die Finanzkrise entstand, für die traditionelle Geldhäuser verantwortlich waren. Auch wenn Banken und Vermögensverwalter am Wertaufbau mitverdienen, ändert sich der Bitcoin und die Idee dahinter nicht. Es gibt nun aber weitere Möglichkeiten, in ihn zu investieren. Wie gesagt, wird davon ausgegangen, dass sich der Bereich professionalisiert.[424]

> Übrigens: Der erste Bitcoin-ETF wurde bereits 2021 an der New Yorker Börse angeboten. Damals handelte es sich noch um einen auf Bitcoin-Futures basierenden ETF bzw. um einen börsengehandelten Fonds, der in Bitcoin-Futures (Derivat) investiert.

Damit spiegelt dieses Finanzprodukt nicht den direkten Kursverlauf von Bitcoin wider, stattdessen wetten Anleger auf den zukünftigen Wert des digitalen Goldes. Für gewöhnlich gelten solche Terminkontrakte als hoch-

---

424 Vgl. Tagesschau – Was die Zulassung der Bicoin-ETF bedeutet, https://www.tagesschau.de/wirtschaft/boerse/faq-bitcoin-etf-100.html#:~:text=Mit%20ETF%20wird%20normalerweise%20ein,die%20Preisentwicklung%20des%20Bitcoin%20wider. – abgerufen am 22.10.2024.

spekulativ.[425] Weil institutionelle Investoren aus regulatorischen Gründen jedoch auf eine physische Hinterlegung angewiesen sind, eigneten sich diese ETFs für sie nicht als Investmentvehikel.[426]

Wie gesagt, gab die US-amerikanische Finanzaufsichtsbehörde SEC mit der Genehmigung nun den Startschuss für einen Bitcoin-ETF, dem echte Bitcoin zugrunde liegen.

In Deutschland werden die US-ETFs nicht angeboten, da sie den Regularien widersprechen. Deshalb gibt es in der Bundesrepublik im Gegensatz zu den USA auch keine ETFs, die sich ausschließlich am Goldpreis orientieren. Wer virtuell in Gold investieren möchte, muss in Deutschland auf ETCs ausweichen.

ETC steht für Exchange Traded Commodities ("börsengehandelte Rohstoffe"). Sie funktionieren ähnlich wie ETFs. Sie können ebenfalls direkt an der Börse gehandelt werden und bilden den Goldpreis annähernd nach. Rechtlich gesehen sind ETCs aber unbefristete Schuldverschreibungen (meist festverzinsliches, auf den Inhaber lautendes Wertpapier, in dem sich der Aussteller zu einer bestimmten [Geld]leistung verpflichtet) und keine Investmentfonds.

Ähnliche Angebote gibt es in Deutschland für den Bitcoin. Das sind dann ETPs (engl.: Exchange Traded Products) oder ETNs (engl.: Exchange Traded Notes), die den Bitcoin ebenfalls abbilden.[427]

Wie sehen aber die Regularien bei einem ETF oder einem Fonds in Deutschland aus, wenn Anleger aktuell in Deutschland nicht in Bitcoin-ETFs oder andere Krypto-ETFs investieren können?

---

425 Vgl. Wirtschaftswoche - Bitcoin-ETF kaufen: Diese Möglichkeiten gibt es, https://www.wiwo.de/vergleich/bitcoin-etf-kaufen/ – abgerufen am 22.10.2024.

426 Vgl. Philipp Frohn – Wirtschaftswoche – Bitcoin-Spot-ETF genehmigt: Der Kryptowelt steht eine Revolution bevor, https://www.wiwo.de/finanzen/geldanlage/us-boersenaufsicht-sec-bitcoin-spot-etf-genehmigt-der-krypto-welt-steht-eine-revolution-bevor/29587024.html – abgerufen am 22.10.2024.

427 Vgl. Tagesschau – Was die Zulassung der Bicoin-ETF bedeutet, https://www.tagesschau.de/wirtschaft/boerse/faq-bitcoin-etf-100.html#:~:text=Mit%20ETF%20wird%20normalerweise%20ein,die%20Preisentwicklung%20des%20Bitcoin%20wider. – abgerufen am 22.10.2024.

Grund für diesen Zustand sind die rechtlichen Rahmenbedingungen, die durch die geltenden UCITS-Richtlinien vorgegeben werden.[428]

UCITS steht für *undertakings for collective investment in transferable securities* (zu Deutsch: Organismus für gemeinsame Anlagen in Wertpapieren (OGAW)).[429]

Die Richtlinien der Europäischen Union dienen dem Schutz von Anlegern beim Kauf von ETFs oder Fonds. Darin sind folgende Eigenschaften für ETFs definiert:

- Diversifikation: In einem ETF sollten mindestens fünf verschiedene Werte enthalten sein. So können mögliche Verluste eines Titels durch mögliche Gewinne eines anderen Titels wieder ausgeglichen werden. Ein reiner Bitcoin-ETF wäre ein Fonds mit nur einem Einzeltitel (Wert) und würde somit hohe Risiken für Anlegende bedeuten und ist daher laut Richtlinie nicht zulässig.
- Gleichgewicht: Ein Bestandteil eines ETFs darf nicht mehr als 20 Prozent am Nettoinventarwert (engl.: Net Asset Value oder kurz „NAV") des betreffenden Fonds betragen. Auch dies ist nicht möglich, wenn ein ETF nur den Wert des Bitcoin abbilden würde.

Aus den oben genannten Gründen ist es daher aktuell nicht möglich, in Deutschland in Bitcoin-ETFs zu investieren. Ausnahmen gibt es für professionelle Anleger, denen es über einige Anbieter möglich ist, auch in ETFs zu investieren, die in den USA gelistet sind.

Kommen wir wieder zurück zu dem zugelassenen Bitcoin-ETF in den USA. Es ergibt sich auch direkt einer der großen Vorteile, die mit einer Investition in einen Bitcoin-ETF einhergehen: Obwohl der Investition „echte" Bitcoin zugrunde liegen, benötigen Anleger kein eigenes Wallet. Das ist zwar auf konventionellen Krypto Börsen auch nicht zwingend notwendig, handelt es sich aber um empfindliche Summen, ist eine autonome Verwah-

---

428 Vgl. Weltsparen – Was sind Bitcoin-ETFs und wie funktionieren sie? https://www.weltsparen.de/geldanlage/kryptowaehrung/bitcoin-etf/ – abgerufen am 22.10.2024.

429 Amexcited Guide – UCITS: Darauf musst du beim Anlegen achten, https://www.americanexpress.com/de-de/kampagnen/guide/geldanlagen/aktien/ucits-1830 – abgerufen am 22.10.2024.

rung auf Hardware Wallets empfehlenswert. Eine Investition in einen Bitcoin-ETF ist nun ein einfacher Weg, um an der Wertentwicklung neuartiger Kryptowährungen zu partizipieren. Dafür ist es nicht vorgesehen, mit den Bitcoins am Ökosystem der Blockchain zu partizipieren oder Zahlungen damit zu tätigen.[430]

Viele Krypto-Befürworter bewerten die Genehmigung der US-Börsenaufsicht als den nächsten Schritt in die etablierte Finanzwelt und prophezeihen, dass Kryptowährungen gekommen sind, um zu bleiben. Trotz der stark schwankenden Bitcoin-Kurse und der daraus resultierenden Risiken interessieren sich immer mehr Privatanleger und institutionelle Investoren für eine Anlage in das alternative Finanzprodukt.

Wie sieht aber die weitere Entwicklung der bekanntesten und ältesten Kryptowährung Bitcoin aus, was die ursprüngliche Idee angeht, mit der digitalen Währung eine Alternative zum herkömmlichen Geldsystem zu bieten? Wird sich der Bitcoin als digitales Zahlungsmittel durchsetzen oder sogar eines Tages als gesetzliches Zahlungsmittel in Deutschland oder in Europa anerkannt werden? Fest steht, dass Währungen Stabilität brauchen, um sinnvoll eingesetzt zu werden. Angesichts der noch hohen Kursschwankungen des Bitcoins ist die Kryptowährung als tägliches Zahlungsmittel ungeeignet. Entsprechend bedarf es sicherlich eines Konzept, um den Kurs nachhaltig zu stabilisieren.

Herzlichen Glückwunsch! Mit diesem weiteren Band haben Sie sich nun erweiterte Kenntnisse über das Prinzip von Kryptowährungen und Blockchain angeeignet. Für Personen, die in Bitcoins oder andere Kryptowährungen investieren möchten, wird nahegelegt, sich mit Anleitungen zum Einstieg sowie mit Investitionsstrategien und Krypto-Kennzahlen vertraut zu machen.

430 Vgl. Wirtschaftswoche – Bitcoin-ETF kaufen: Diese Möglichkeiten gibt es, https://www.wiwo.de/vergleich/bitcoin-etf-kaufen/ – abgerufen am 22.10.2024.

Glossar

Bitcoin 21 Millionen – der Sinn der Begrenzung: Bitcoin, die erste und bekannteste Kryptowährung, wurde so konzipiert, dass nur 21 Millionen Münzen jemals existieren werden. Diese Obergrenze ist ein wesentliches Merkmal, das dazu beiträgt, Inflation zu verhindern und Knappheit zu schaffen. Nicht geklärt ist unterdessen, warum Satoshi Nakamoto 21 Millionen BTC als Obermarke setzte. In der Kryptoszene werden diverse Erklärungsversuche diskutiert.

Bitcoin Halving: Beim Bitcoin Halving wird periodisch, circa alle vier Jahre, die Anzahl der pro Block neu geschaffenen und dem Miner als Belohnung ausgegebener Bitcoin halbiert. Hintergrund dieses Events ist die Sicherstellung der Beschränkung existierender Bitcoin. Das Bitcoin-Angebot wird also künstlich verknappt, was auch vor Inflation schützen soll.

Bitcoin-Protokoll: Unter einem Protokoll versteht man die offiziellen Regeln, die vorschreiben, wie Teilnehmer in einem Netzwerk kommunizieren müssen. Das Bitcoin-Protokoll legt fest, wie sich jeder Knoten (Rechner) mit den anderen verbindet, wie viele Bitcoins zu jedem Zeitpunkt existieren und definiert weitere Aspekte des Netzwerks.

Dezentral: Dieser Begriff wird in verschiedenen Bereichen von Politik und Wirtschaft angewendet. Allgemein ist damit die Aufteilung von Verantwortungen und Zuständigkeiten auf mehrere Stellen gemeint. Es soll nicht alles „zentral", also von einer Stelle, geleistet werden, sondern „dezentral", also weg von einer Zentrale.

Ether: Hinter dem Bitcoin gilt Ethereum wohl als die zweitbekannteste Kryptowährung (Altcoin). Strenggenommen ist der Begriff Ethereum selbst aber keine Kryptowährung, sondern ein ganzes System, das ebenso die Blockchain-Technologie nutzt, auf der Transaktionen mit der Kryptowährung Ether (mit dem Kürzel ETH) durchgeführt werden. Seine Abkürzung ETH ist das Börsenkürzel für Ether, während ein Börsenkürzel wiederum abkürzende Codes für Börsen und börsenähnliche Handelsplätze bezeichnet.

Fiatgeld (Fiatwährung): Im Zusammenhang mit dem Begriff Währung stößt man häufig auch auf die Bezeichnung Fiatgeld oder Fiatwährung, die vor allem erst durch das Aufkommen und die Bekanntheit von Kryptowährungen häufiger genutzt wurde und ihren Weg ins alltägliche Vokabular fand. Der Begriff Fiat wiederum stammt aus dem Lateinischen und bedeutet in etwa „es soll" oder auch „es soll geschehen". Das genannte Fiatgeld ist ein gesetzliches, von der Regierung des jeweiligen Landes und Zentralbanken reguliertes Zahlungsmittel. Als Fiatgeld wird somit eine nationale Währung wie der Euro, der Schweizer Franken, das britische Pfund, der US-Dollar, der japanische Yen und der kanadische Dollar bezeichnet, die nicht an den Preis eines Rohstoffes wie z. B. Gold oder Silber „gebunden“ ist bzw. nicht durch einen Rohstoff „gedeckt“ ist. In früheren Zeiten waren Notenbanken verpflichtet, ausgegebene Banknoten gegen Gold oder Silber einzutauschen. Deshalb mussten sie häufig zu einem bestimmten Prozentsatz durch das entsprechende Edelmetall „gedeckt“ sein.

Genesis Block: Der Genesis Block (übertragen, allgemein: „Ursprung“, „Entstehung“, „Entwicklung“) ist der allererste Block innerhalb der Blockchain. Wenn ein Block an die Blockchain gesendet wird, verweist er auf den vorherigen Block. Im Falle des Genesis Blocks gibt es jedoch keinen vorherigen zu referenzierenden Block. Da es keinen vorherigen zu referenzierenden Block gibt, werden Genesis Blöcke in der Regel fest in die Software programmiert.

HODL: Befasst man sich mit der Frage danach, wo die meisten Bitcoins liegen und wer die meisten Bitcoins hält, stößt man früher oder später auch auf den Begriff „Hodl“ (oft geschrieben als HODL), bzw. auf Menschen, die sich selbst als “HODLer” bezeichnen. Oft wird fälschlicherweise behauptet, HODL sei ein Akronym (Akronym = aus den Anfangsbuchstaben mehrerer Wörter gebildetes Kurzwort) für „Hold On for Dear Life“. Zu Deutsch ließe sich das frei mit “Halte deine Coins, auch wenn dein Leben davon abhängt” übersetzen. Dies würde zwar der heutigen Bedeutung ziemlich nahekommen, jedoch wird es dem Ursprung bzw. der Entstehung des Ausdrucks nicht wirklich gerecht. Denn: Das Wort HODL entstand einst aus einem Tippfehler des Wortes “Hold”. Es steht für die Einstellung von Anlegern, eine Kryptowährung wie Bitcoin dauerhaft zu halten.

Institutionelle Investoren: Das Kapitalanlagegesetz (KAGB) unterscheidet zwischen drei Anlegergruppen: den Privaten, den Semiprofessionellen und den Institutionellen. Institutionelle Investoren sind im Gegensatz zu privaten Anlegern juristische Personen. Sie können in unterschiedlichen Rechtsformen auftreten, gemeinsam ist ihnen der Umstand, dass sie eine Zulassung für die Anlage von Finanzinstrumenten haben. Zu den juristischen Personen gehören Unternehmen, die eine eigene Rechts- und Geschäftsfähigkeit besitzen. Dies ist insbesondere bei Kapitalgesellschaften der Fall. So ist z. B. eine GmbH Träger steuerrechtlicher Rechte und Pflichten.

Krypto: Das Wort Krypto leitet sich von dem griechischen Wort *kryptos* ab und bedeutet auf Deutsch vorangestelltes Wortbildungselement in Fremdwörtern aus dem Griechischen: geheim, verborgen, versteckt.

Kryptowährungen, Altcoins und Token: In der Krypto-Branche werden Bezeichnungen wie Kryptowährungen, Altcoins und Token oft verwechselt. Doch aus technischer Sicht unterscheiden sich diese Begriffe in ihrer Bedeutung: Bei einer Kryptowährung handelt es sich um ein digitales Zahlungsmittel auf der Grundlage eines Blockchain-Systems (Blockchain-Technologie). Der Ausdruck Kryptowährung beschreibt dabei die erste Währung, die für kryptographische Zahlungen in der Blockchain vorgesehen ist, nämlich dem Bitcoin. Alle weiteren Coins (Münzen), die am Markt angeboten werden, ausgenommen Bitcoins, sind Altcoins, da Bitcoin die erste Kryptowährung war. In erster Linie haben Token keine eigene Blockchain. Token werden auf bereits bestehenden Blockchains von vorhandenen Kryptowährungen bzw. auf einer Blockchain mit anderen Münzen bzw. Altcoins (wie Ethereum) ausgegeben.

Marktkapitalisierung: Die Marktkapitalisierung (bzw. der Börsenwert) ist der Gesamtwert aller Aktien eines Unternehmens bzw. im Fall von Bitcoin und anderen Kryptowährungen, der Gesamtwert aller Coins, die erzeugt wurden. Dabei kommt folgende Formel zum Einsatz: Anzahl der umlaufenden Coins (Umlaufversorgung) x Marktpreis (Bitcoin-Kurs) = Marktkapitalisierung.

Notenbank: Eine Notenbank ist mit dem Recht zur Ausgabe von Banknoten ausgestattet (Notenprivileg); daher kommt der Name. Sie wird entsprechend ihren Aufgaben auch als Zentralbank bezeichnet. Eine Zentralbank ist diejenige Institution, die für die Geldpolitik und die Funktionsfähigkeit des Geldwesens in einem Land oder Währungsgebiet zuständig ist. Die Europäische Zentralbank (EZB) ist wiederum die Notenbank der Mitgliedstaaten der Europäischen Union, die den Euro nutzen. Sie wurde 1998 gegründet und hat ihren Sitz in Frankfurt am Main.

Satoshi Nakamoto: Satoshi Nakamoto ist das Pseudonym der unbekannten Person oder Gruppe, die das Bitcoin-Protokoll entwickelt hat.

Server: Rechner, der für andere in einem Netzwerk mit ihm verbundene Systeme bestimmte Aufgaben übernimmt und von denen diese ganz oder teilweise abhängig sind.

Wechselkurs: Als Wechselkurs wird der Preis einer Währung in einer anderen Währung bezeichnet.

nuggets

Die Reihe nuggets behandelt anspruchsvolle Themen und Trends, die nicht nur Studierende beschäftigen. Expert:innen erklären und vertiefen kompakt und gleichzeitig tiefgehend Zusammenhänge und Wissenswertes zu brandneuen und speziellen Themen. Dabei spielt die richtige Balance zwischen gezielter Information und fundierter Analyse die wichtigste Rolle. Das Besondere an dieser Reihe ist, dass sie fachgebiets- und verlagsübergreifend konzipiert ist. Sowohl der Narr-Verlag als auch expert- und UVK-Autor:innen bereichern nuggets.

Bisher sind erschienen:

Ulrich Sailer
Digitalisierung im Controlling
Transformation der Unternehmenssteuerung durch die Digitalisierung
2023, 104 Seiten
€[D] 17,90
ISBN 978-3-381-10301-0

Michael von Hauff
Wald und Klima
Aus der Perspektive nachhaltiger Entwicklung
2023, 85 Seiten
€[D] 17,90
ISBN 978-3-381-10311-9

Ralf Hafner
Unternehmensbewertung
2024, 133 Seiten
€[D] 19,90
ISBN 978-3-381-11351-4

Irene E. Rath / Wilhelm Schmeisser
Internationale Unternehmenstätigkeit
Grundlagen, Führung, Organisation
2024, 175 Seiten
€[D] 19,90
ISBN 978-3-381-11231-9

Reinhard Hünerberg / Matthias Hartmann
Technologische Innovationen
Steuerung und Vermarktung
2024, 152 Seiten
€[D] 19,90
ISBN 978-3-381-11291-3

Ulrich Sailer
Klimaneutrale Unternehmen
Management, Steuerung, Technologien
2024, 130 Seiten
€[D] 19,90
ISBN 978-3-381-11341-5

Oğuz Alakuş
Basiswissen Kryptowährungen
2024, 79 Seiten
€[D] 17,90
ISBN 978-3-381-11381-1

Uta Kirschten
Personalmanagement: Gezielte Maßnahmen zur langfristigen Personalbindung
2024, 159 Seiten
€[D] 19,90
ISBN 978-3-381-12151-9

Kariem Soliman
Leitfaden Onlineumfragen
Zielsetzung, Fragenauswahl, Auswertung und Dissemination der Ergebnisse
2024, 102 Seiten
€[D] 19,90
ISBN 978-3-381-11961-5

Oğuz Alakuş
Das Prinzip von Kryptowährungen und Blockchain
2024, 131 Seiten
€[D] 19,90
ISBN 978-3-381-12211-0

Eckart Koch
Interkulturelles Management
Managementkompetenzen für multikulturelle Herausforderungen
2024, 118 Seiten
€[D] 19,90
ISBN 978-3-381-11801-4

Margareta Kulessa
Die Konzeption der Sozialen Marktwirtschaft
Ziele, Prinzipien und Herausforderungen
2024, 113 Seiten
€[D] 19,90
ISBN 978-3-381-11411-5

Jörg Brüggenkamp / Peter Preuss / Tobias Renk
Schätzen in agilen Projekten
2024, 75 Seiten
€[D] 17,90
ISBN 978-3-381-12511-1

Michael von Hauff
Nachhaltigkeit – Paradigma und Pflicht der Völkergemeinschaft
2024, 119 Seiten
€[D] 19,90
ISBN 978-3-381-11281-4

Dirk Linowski
Deutsch-chinesische Beziehungen
Wirtschaft, Politik, Gesellschaft
2024, 136 Seiten
€[D] 19,90
ISBN 978-3-381-11731-4

Sven Seidenstricker / Jens Pöppelbuß / Thomas B. Berger / Heiko Fischer
Digitaler Vertrieb
2024, ca. 100 Seiten
€[D] 17,90
ISBN 978-3-381-11441-2

Thomas Zerres / Michael Zerres
Rechtliche Herausforderungen im Start-up-Marketing
2024, ca. 145 Seiten
€[D] 19,90
ISBN 978-3-381-12961-4